IDOL
STUDIES

アイドル・スタディーズ

研究のための視点、問い、方法 　　田島 悠来 [編]

目　　次

アイドル・スタディーズへの招待

田島 悠来

■1 はじめに

1.1　今，なぜ，「アイドル」なのか

　　推しを推すことがあたしの生活の中心で絶対で，それだけは何をおいても明確だった。中心っていうか，背骨かな。（宇佐見りん，2020，『推し，燃ゆ』河出書房新社.）

　2021（令和3）年1月。男性アイドルを"推す"（応援する）女子高校生を描いた宇佐見りんの小説『推し，燃ゆ』が第164回（2020年下半期）芥川賞を受賞し，話題を呼んだ。冒頭に記したのは，その一節である。ここには主人公（あかり）にとって，推し（推す対象となるアイドル）の存在が生きていく上でいかに切実で，かけがえのないものであるのかが綴られている。こうしたメディア表象は，活字媒体のコンテンツに限らず，マンガ，アニメ，映画，テレビドラマと多岐にわたり昨今枚挙にいとまがない。

　NHK朝の情報番組『あさイチ』では，「人生が輝くヒケツ！"推しのいる生活"のススメ」（2020年10月5日放送），「人生＆社会を変える！すごいぞ！"推し活"パワー」（2021年1月6日放送）とたびたび推しの実践（「推し活」）に身を投じる熱狂的なファンの姿にクローズアップする。番組のなかで紹介される推し

1

は，いわゆるアイドルのみならず，アーティスト・俳優・芸人・スポーツ選手・アニメやゲームのキャラクターなど多ジャンルにおよび，なかには，歴史上の人物やゆるキャラ，海外の俳優を挙げる者も。番組史上最多の4万5,000件もの回答が得られたアンケートの結果からは，「推しのおかげで考え方がポジティブになれた」，「推しを通じてかけがえのない推し仲間に出会えた！」，「家族との関係性がよくなった！」といった「推し活」当事者にとってのポジティブな効果に着目された。加えて，推しにまつわる場所に赴いたり（聖地巡礼），移住して地域活性化のために尽力したりするファンの様子を映し出すことで，「推し活」が社会貢献に寄与する側面を有するというような言説が作り上げられた。

　多くのアイドル歌手を生み出した日本のオーディション番組『スター誕生！』（日本テレビ系）が放送を開始し，日本におけるアイドル的な存在の萌芽期と見なされる1971（昭和46）年から半世紀を迎える節目となる今日的なこうした動向は，人が「アイドル」[1]に魅了される／されてしまう／されずにはいられない現代社会のあり様を象徴する。そして，そうしたメディア表象への社会的なインパクトの大きさを物語り，メディア言説が生み出される背景について一考する必要性を感じさせる。今，なぜ，「アイドル」がかように注目を集めているのかという問いを浮かび上がらせるのである。

　これが本書の出発点であり，各章における事例やその分析・考察を通じて問いの解明を目指すものとする。

1.2　「アイドル文化」という枠組みのなかで

　メディア上には多種多様なアイドルにまつわる情報，コンテンツがあふれ，好むと好まざるとにかかわらず私たちはアイドルと接しながら日々の生活を送っているのではないだろうか。特に，情報通信技術の進展により，インターネットに常時接続できる環境が整ったことがそうした状況を後押しし，アイドルの情報やコンテンツを媒介する空間，流通させるプラットフォームはますます拡大し，アイドルの情報やコンテンツは遍在していっている。

1　本書で何を「アイドル」（括弧付き）とみなすかについて詳しくは後述。

　たとえば，アイドルが出演するドラマやバラエティ，歌手であれば歌番組が
テレビで放送されたり，雑誌の表紙を飾ったりとマスメディアに登場すること
はもちろん，TwitterやInstagramといったSNS（ソーシャル・ネットワーキング・サ
ービス）でアイドルメンバー個人やグループがアカウントをもって情報を発信
していたり，YouTube等の動画配信サービスを使って動画コンテンツが配信さ
れたり，SHOWROOM等の主にはスマートフォン向けアプリでライブ配信を
行ったり，とソーシャルメディアを活用することが一般的になっている様子は
容易に想像できるだろう。

　アイドルを好きな人，特にファンにとってメディアは，単に一方的に情報を
得るという次元を超え，アイドルを愛で，アイドル本人やファン同士で交流す
るために欠くことのできない双方向性を伴ったツールとなっている。またファ
ンでない者にとってみても，その遍在性ゆえに，アイドルが存在する社会をア
イドルというフィルターを通じて覗き込み，この社会がどのようなものなのか
を見つめ，考えるきっかけを与えてくれる装置として機能している部分がある
のではないだろうか。

　たとえば，あるアイドルの人気から大多数に好まれる人物像，たとえば理想
的な男性像や女性像を知ったり，予期せぬ"熱愛発覚"やその後の成り行き，
活動自粛やグループ脱退・卒業等から重視されるべき価値観や規範（〜するべき
である／するべきではないという社会的な決まりごと）について学んだりといった具合
に。

　それは，ブームや流行といった一時的な現象として片づけられるものではな
く，社会やそこに属する人々のコミュニケーションのあり方，ひいては，もの
の考え方や生き方にまで深く／または少なからず影響を及ぼすような1つの文
化として「アイドル」というものを捉えることが可能であることを意味してい
る。これを「アイドル文化」としよう。

　以上のように，アイドルは，メディア空間，プラットフォームの広がりとと
もに，ファンのみならず多くの人々との関わりのなかで，また，メディアの発
達と不可分に結びつきながら存在感を強めている。ある種のメディア文化とし
てアイドルが形作られていっているとも言える。

1.3　産業としてのアイドル

　さらに，アイドルの影響力の大きさは，メディア・コンテンツ産業，ライブエンターテインメント産業の文脈からその市場規模が数字的にも計測され，可視化されてきた。

　まず，矢野経済研究所の実施する「『オタク』市場に関する調査」[2]によれば，2019年度のユーザー消費金額ベースのアイドル市場規模は，前年比108.8％の2,610億円と推計され，新型コロナウイルス感染症拡大前は堅調な推移が伝えられてきた。[3]

　また，『デジタルコンテンツ白書』（経済産業省商務情報政策局監修／一般財団法人デジタルコンテンツ協会編）では，国内を軸にメディア・コンテンツ産業の市場動向が整理されている。[4]2020年版には，2019年のコンテンツ産業の市場規模は12兆8,476億円（前年比101.8％）と，東日本大震災が発生した2011年以降は8年連続で穏やかな成長基調で推移しているとの指摘がある。ネットワークによる動画配信，音楽配信，電子書籍市場等のデジタルコンテンツ市場が順調に拡大する（コンテンツ市場全体に占める割合，デジタル化率は71.9％に達している）とともに，音楽コンサート等のライブエンターテインメントの市場規模が伸長しており，前出の矢野経済研究所の調査においても「年間を通しては『ジャニーズ』『AKB48』グループを中心としたライブ動員数の増加，さらに他のアイドルグループの台頭も継続しており，引き続き市場は拡大した」[5]と言及されるように，特にライブエンターテインメント市場においてはアイドルの貢献度は高

2　https://www.yano.co.jp/press-release/show/press_id/2836，2022年2月7日閲覧。

3　ただし，新型コロナウイルス感染症の影響を受け，最新の2020年度は，前年比53.6％の1,400億円まで落ち込んでいる。2021年度に向けては，自粛緩和やウィズコロナ対策により回復が見込まれるとの展望も示され，動向が注目される。

4　ここでの「コンテンツ」を，「様々なメディアで流通され，動画・静止画・音声・文字・プログラムなどによって構成される情報の中身。」（一般財団法人デジタルコンテンツ協会編2021: 4）と定義し，このうち，「消費者に対しデジタル形式で提供されるコンテンツ」を「デジタルコンテンツ」（同）としている。さらに，「メディア」を「コンテンツを，送り手から受け手（生活者）に提供するための場や装置」（同）と位置づける。このなかで，コンテンツとメディアをそれぞれ5区分（動画，音楽・音声，ゲーム，静止画・テキスト，複合型），4区分（パッケージ，ネットワーク，劇場・専用スペース，放送）に分類し，コンテンツ分野別，メディア分野別に市場規模を分析・考察する（詳しくは⇒**コラム❶**）。

5　注2に同じ。

表序-1　直近5年間の年間シングル1位曲

年	タイトル	歌手（グループ）名	発売年月日
2017	願いごとの持ち腐れ	AKB48	2017年5月31日
2018	Teacher Teacher	AKB48	2018年5月30日
2019	サステナブル	AKB48	2019年9月18日
2020	Imitation Rain/D.D.	SixTONES vs Snow Man	2020年1月22日
2021	Grandeur	Snow Man	2021年1月20日

出所：オリコンのデータをもとに筆者作成。

い。

　片や，苦戦が伝えられているのは，CDやDVD，雑誌といったパッケージ・メディアであるが，こうしたパッケージにおいても，アイドル関連の売り上げは好調を維持している。たとえば，オリコンが発表する年間シングルランキングをみると，直近5年間は，アイドルの楽曲が1位を獲得し続けており（**表序-1**），特に2020年においては，この年CDデビューした1位のSixTONES vs Snow Manを皮切りに，AKB48，嵐，乃木坂46，日向坂46，King & Princeらいわゆるアイドルグループがトップ10を独占している[7]。また，縮小著しい出版市場においても，人気のアイドルに依存する傾向がここ数年顕著になっており[8]，出版不況の突破口の1つとして多様な雑誌がジャンルや読者のジェンダーを超えてアイドルを起用する戦略が定着している。

　しかし，2020年以降のコロナ禍においては，事態を一変させ，アイドルもライブが延期や中止，オンライン開催への転換を余儀なくされ，その活動が大

6　2020年はアーティスト別トータルランキング1位を嵐（期間内推定累積145.2億円）が，ミュージックDVD・BDランキングでも同じく嵐が『ARASHI Anniversary Tour 5×20』で1位（80.6億円）を獲得している。

7　なお，オリコンは2018年12月19日より従来のパッケージ売り上げに「デジタルダウンロード」「デジタルストリーミング」を加え，推定売り上げ枚数＋DL数＋再生数の合算で集計する方法に変更した。これによって，2020年の年間ランキングは，「オリコン年間ランキング2020作品別売上数部門」の「シングルランキング」とは別に，「デジタルシングル（楽曲）ランキング」が発表され，ここでは，LiSAの『紅蓮華』が1位となっている。集計方法について詳しくは，https://www.oricon.co.jp/rank/about-combinerank/ を参照のこと。

8　たとえば，『2020年版出版指標年報』（全国出版協会・出版科学研究所，2020年）には，「アイドルの起用によって単号で売れる傾向が一層顕著となった。」（p.31），「20〜30代向け女性ファッション誌ではジャニーズや韓流男性アイドル頼みの感が一段と大きくなった。」（p.32）との指摘がある。

いに制限されるなか，エンターテインメント産業全体が深刻な影響を受けており，国や自治体が提唱する「新しい生活様式」に適したパフォーマンスのあり方が模索されている（詳しくは⇒**コラム❺**）。

　以上から，誤解を恐れずに言えば，「アイドルがいかにお金（金銭的な利益）を生むか」という指標を念頭に置きつつ各種調査結果のデータを読み解くことで，すでに述べた社会的なインパクトに加えて経済的なインパクトが絶大なものであることを確認できた。アイドルが文化産業の一端を担うとの見方も可能なのだ。

2 本書の構成と方向性

　このような多大かつ多方面への影響を看過できない「アイドル文化」に対し，学術的な領域においても関心の目が向けられ，昨今一層その傾向は高まりをみせている。そこで，本書では，「アイドル研究」の現在進行形の実践について次の4つのパートに分けて紹介する。

2.1 「アイドル」という存在，パフォーマンスのもつ意味

　第Ⅰ部では，まず**第1章**において，「アイドル」に関してこれまでにどのような研究がなされ，どのような着眼点でどのような議論が蓄積されてきたのかを整理しつつ，課題を見つめ，今後の可能性をふまえながら本書の方向性を改めて確認する。その上で，続く2つの章でアイドル活動に従事するアイドル本人の語りから，アイドルの労働の意味を問い直し，「アイドル」とは何者であるのかに迫る。

9　『2021年版出版指標年報』（全国出版協会・出版科学研究所，2021年）では，『Myojo』（集英社）をはじめ男性アイドル誌の好調が伝えられている。コロナ禍でライブやコンサートが中止になったことで，ファンはそれらに費やしてきたお金をグッズや雑誌の消費に充てているのではないかとの考察がなされている。

10　それゆえ，「アイドル文化」は，文化政策的な観点からクールジャパンといった国の戦略的なインバウンド，外交，さらには地方創生にも通じる地域振興との結びつきも垣間見える。政府主導のクールジャパン推進会議のメンバーにAKB48のプロデューサーである秋元康が名を連ねていたことからもこうした側面が想起される。

　第2章では，アイドルの労働の実態に迫りつつ，そもそもアイドルの「仕事」とは何なのか，労働者と呼ぶことが可能なのかを批判的に検討する。第3章では，「接触」が行われる場面を軸に，アイドルの実践を「感情労働」という概念を用いて考察し，これまでのアイドルをめぐる労働に関する議論のなかで看過されがちであった当事者側からの視点を持ち込み，感情労働が要請される仕組みについて目を向ける。

　続いて，第Ⅱ部では，アイドルのジェンダー／セクシュアリティ，さらには，パーソナリティにまで関わるパフォーマンスを分析する際の多様な視角を提供する。

　第4章では，主には2010年代における女性アイドルに関するメディア言説，なかでもアイドルプロデューサーやアイドル自身といったコンテンツの送り手側の語りに目を向けるなかで，ジェンダー／セクシュアリティのステレオタイプを背景に「アイドル」というジャンルで内面化され続けてきた異性愛規範を基盤とする「恋愛禁止」をいかに問い直すことができるかを説く。

　第5章では，「男装」を表現するアイドルを事例に，アイドルのパフォーマンスのジェンダー・ロールに基づく演技性（「演じる／演じない」ことの理由）について焦点を当て，アイドルと異性装というこれまで論じられる機会が少なかったトピックに切り込みを入れる。

　第6章では，「日常美学」という観点からアイドル（モーニング娘。）の楽曲を分析する試みを通じて，アイドル本人にとっても，鑑賞者にとっても，楽曲鑑賞がパーソナリティに作用していくあり様を「自己啓発」というキーワードに基づいて検証する。

2.2　「ファン」をいかにして研究するか

　次に，第Ⅲ部では「ファン研究の射程」として，アイドルを「アイドル」として成立させるために不可欠な存在であるファンの姿に照射する。

　第7章では，女性アイドルを中心にアイドル関連の同人誌を取り上げ，その歴史的な変遷にも目配せしつつ整理・分類を試みるなかで，ファンがアイドルについて語るための重要な媒体として同ジャンルを研究する意義を浮かび上がらせている。第8章では，現代のアイドルファンにとって欠くことができない

商品の1つである「チェキ」に着目し，「チェキ」を介したコミュニケーションが指し示すものから，アイドルとファンとの関係性を再考する。

　以上2つの章では，ファンを研究する際にどのようなメディアを分析の素材にすることが有用かを示すとともに，ともすれば見過ごされがちなそれらの資料的価値を提示しているとも言える。

　続く**第9章**では，ファンの感情労働という視座からジャニーズJr.ファンの語りを見つめ，アイドルとファンの感情を取り交わす相互作用の様子を浮き彫りにし，ファン活動の労働的な側面に目を向ける。そして**第10章**では，台湾のジャニーズファンの語りから，海外のファンがどのようにコミュニティ内での自身のファン・アイデンティティを構築しているのかを「日本時間」というキータームを手がかりに読み解く。

　これら2つの章においては，オーソドックスな方法論を用いて日本および台湾の共に男性アイドル「ジャニーズ」のファンの語りに耳を傾けていくことを通じて，ファン自身がファンとして振る舞うことにいかなる意味づけがなされうるのかを問うていく。

2.3　アイドル研究の新たな可能性

　最後に，第Ⅳ部では「アイドル研究領域の拡大」として，従来のジャンル，視点，枠組みを越境するような新しい研究のあり方を模索する。

　第11章・第12章においては，近年より盛んになってきている文化越境的なアイドル受容に関する事例が紹介され，「日本のアイドル」が異なる文化圏を生きる他者にどのように理解され，いかなる影響を及ぼしているのかに迫る。

　第11章では，AKBの海外姉妹グループであるJKT48とそのファンへの調査に基づき，日本のアイドルに関する海外における受容のなされ方を探究することで，現地における日本独自の「アイドル」と「idol」との差異と混交を浮かび上がらせる。続く**第12章**では，「K-POP」の「トランスナショナル」な先駆的例として，日韓合同オーディション番組『PRODUCE 48』を取り上げることで，「K-POPアイドル」と「日本のアイドル」という異なる文化圏のアイドルがどのように評価されたのかを考察し，従来のステレオタイプな対比図式を更新するファンの役割を提示する。

　そして最終**第13章**では，台湾の現代社会運動参加者にみられる「運動リーダー」をアイドルとして消費する実践から，芸能ジャンルを超えた場としてアイドルをめぐる文化現象を拡張し，若者にとっての社会運動が読み替えられていく様を論じている。

2.4　本書が目指すもの

　以上の4つのパートを通して，本書を，「アイドル文化」から社会のなかでの「当たり前」に問いを投げかけていく試みと位置づけたい。また，この試みによって，冒頭で示した「今，なぜ，『アイドル』なのか」という問いに読者それぞれがなんらかの答えを導き出してほしいと考えている。

　なお，本書で扱う「アイドル」は，①メディア上でパフォーマンスを行う者であり，②ファン，特に熱狂性を伴う活動を実践する者たちから支持／応援される対象（"推し"の対象），とあえて広範にまずは捉えておくことで，論者ごとの多様な語りの可能性を許容したい。これは，「メディアに登場し，ステージ上で歌って踊る」というような一定のパフォーマンス形式を共有し，有名性を得ているいわゆる「ジャンルとしてのアイドル」[11]に基本的には依拠するものであるが，アイドル視する対象ジャンルの拡張をふまえれば，こうした枠組みをも乗り越えるような「アイドル」もまたそれ自体を問う意味から射程に入れることが必要であると判断して，対象として一部組み込んでいる。なお，研究を遂行する上で，「アイドル」の定義づけを行うことはきわめて重要な営みであると無論承知しているが，その営みそのものがあまりに壮大であるため，禁欲的に別の機会を待つこととした。

　本書は，「アイドル研究」の初学者やこれから従事する者たち（特に大学院や学部の学生）に向けて，「アイドル」を研究するための手引書となるような，また，自身の研究を鼓舞する一冊として位置づけられるよう構成している。そのために論考の他に研究の最前線やアイドルをめぐる最新の動向，執筆者それぞれの体験記等を綴る「コラム」も設けた。

　論じる対象やその方法は多様だが，当たり前に，また心地よいエンターテイ

11「アイドル」の定義とそれがはらむ困難さ・課題については**第1章**を参照。

ンメントとして受容されがちなアイドルのパフォーマンスを，研究対象として
みることで，ちょっと立ち止まって相対化する"気づき"を提供してくれる論
考群が採収されている。

　「アイドル・スタディーズ」へようこそ。快楽の扉がここに開かれる。

第Ⅰ部

アイドル研究の展開

「アイドル」はどのように論じられてきたのか

田島 悠来

1 はじめに

1.1 「アイドル研究」の課題

　近年，「アイドル」に関する語りがメディア上で活発になされている。同時にそのファンについても，特有の行動／鑑賞様式，生態，ファンコミュニティ内における作法，またはそこでのつながりや連帯が洗い出され，ファン自身にとって生きていく上で不可欠なもの，さらには，社会になんらかの効果を生み出すものとして意味づけしていくような言説が生み出されている。そして，ファンが個々に，または，ファン同士で，「推し／担当」（好きな，応援する対象）の情報を発信，交わし合う実践が日常化している。

　情報通信技術の進展がそうした現状を後押しし，SNSや動画配信サイト，モバイル端末用アプリ等ソーシャルメディアが普及したことで，語られる場所，プラットフォームが増えたことがその一因として挙げられる。こうしたメディア環境は，そもそも語られる対象の「アイドル」のボリュームの増大を促し，「アイドル」と自称する／他称される（アイドル視される）者のジャンルは拡大している。生身の実体を伴う「3次元」のみならず，マンガ・アニメ・ゲームのキャラクター，VOCALOIDやバーチャルYouTuberといった「2次元」，アニメやゲームの声優，主には「2次元」を原作とする舞台・ミュージカルにおいてキャラクターを演じる俳優を指す「2.5次元」の存在まで，「アイドル」

をめぐるメディア領域は拡張していっている。

　他方で，〈「アイドル研究」〉は，一部のマニアックな好事家による評論や関連資料の収集行為，先述のような多種多様な語りを含有する用語として認識されがちであり，なおかつ，無意味で役に立たない不要な学問としてのレッテルを過剰に植えつけられてきたきらいがある。また，好きなことをファン目線で追求することとアカデミックな問題意識をもって研究することとの区別がままならない，ともすれば明確なモチベーションを持たない大学の学部生の逃げ場のような領域になってしまっている感も否めず，たとえ明確な問題意識を持っていても，参照軸となる先行研究にたどり着けずに途方に暮れてしまうケースも見受けられる。これらは，学術的な研究の整理とその共有の場が築かれておらず，そもそも「アイドル」を研究する意義についての議論がこれまで十分になされてこなかったことに起因するのではないだろうか。

　以上の課題をふまえ，本章では，多種多様な語りのなかでも，国内を中心に人文社会科学系の分野の研究者によって展開されてきた議論やそうした研究と接続できる論点を有し，そもそも学術的な問題設定がある程度明確であると判断できるものを「アイドル研究」として捉え，研究動向やそこでの論点の整理を試みる。[1]

1.2　先行研究検討の方針

　研究をどのように整理するのかについては，論者の問題設定や関心に従っていかようにも方針が定められよう。ここでは，研究の動向はアイドルやアイドルが存在する社会の移り変わりと切り離して考察することは難しく，研究がなされる社会・文化的な文脈（コンテクスト）を意識しながら整理していく必要があろうという意図により，時間軸に沿ってみていくことにする。そうすることでアイドル史を概観することにもつながろう。なお，多彩な“研究”や語りがあるなかで，主には国内の人文社会科学分野におけるアカデミックな研究者の展開した議論やそうした研究と論点を共有し，そもそも学術的な問題設定がある程度明確であると筆者が判断したものを中心に「アイドル研究」という位置

1　本章は，田島（2022）（田島悠来，2022，「『アイドル研究』の地図——これまでの動向と今後の展望」『コンテンツ文化史研究』13: 48-67.）を再構成，加筆修正したものである。

づけのもと紹介し，十分に言及できない部分も含めアイドル関連の書籍・論文については各章の参考文献を参照いただきたい。

② 「アイドル研究」のこれまで

2.1　「アイドル研究」の萌芽

　まず，アイドルの誕生については，もちろん諸説あるものの，1971年とみる論者が多く，1970年代を萌芽期と捉えることが一般的となっている。[2]これは，小柳ルミ子・南沙織・天地真理の（三代目）三人娘がこの年にデビューし「アイドル歌謡」（小川 1991）というジャンルの確立に寄与したこと，同年『スター誕生！』というテレビコンテンツが開始し，若くて親しみを覚える男女の歌手＝アイドルが数多く輩出されたこと，そもそもその背景として高度経済成長期を経てある程度社会全体が豊かさを所与のものとしたこと，カラーテレビが一般家庭に広く普及しアイドルと同年代の若年層を視聴者として取り込んだこと，また，そうしたテレビや芸能プロダクションと共謀しアイドルのイメージ形成に寄与する『明星』（現『Myojo』，1952年創刊，集英社）をはじめとしたアイドル誌が70年代に最盛期を迎えたことといったメディア環境・社会状況に起因する。

　ただ，アイドルに関する学術的な研究となると，ここからやや時間を置いて本格的な端緒は1980年代終盤まで待つ。[3]活況を呈した歌番組が終了，アイドル誌も休刊・廃刊が相次ぎ，アイドル＝歌手という構図が成り立ち難くなった

2　ただし，「アイドル」という言葉自体はそれ以前から存在し60年代にはビートルズら海外の歌手に対して主には使用されていたし，小川（1991）は，1971年を「アイドル元年」としつつも1959～70年を「プレ・アイドル期」としてアイドルの歴史をそれ以前と地続きで捉えている。また，戦前においても現在の「アイドル」に通じるような存在がすでに見受けられたという議論もある。たとえば，笹山（2014）。

3　ここで，"本格的な"としているのは，もちろん評論家やアマチュアのファンによる批評も含めて，アイドルに対する語り，アイドル論はすでに少なくとも70年代後半にはラジオの深夜放送や雑誌，大学のアイドル研究会等のなかでみられるからである。たとえば，近田春夫，平岡正明，アイドル・ミニコミ誌『よい子の歌謡曲』（1979年創刊）が挙げられる（稲増 1989）。

「アイドル冬の時代」（斉藤 2016）と言われる時期とも重なる。高度消費社会の[4]
到来やニュー・アカデミズム[5]，フェミニズム[6]の波を受けながら，消費社会
論，若者文化論，メディア論，ジェンダー論，ポピュラー音楽研究といった視
座から山口百恵，松田聖子，おニャン子クラブら女性アイドルを中心に議論の
俎上に載せた（小川 1988; 小倉 1989; 稲増 1989, 1990; 小川 1991 など）。

　小川（1988）や稲増（1989）は，映画からテレビへというメディア覇権の移行
が，「神」のように崇拝の対象であるカリスマ性を有する「スター」から，隣
人やクラスメートのような親しみやすさを求められる「アイドル」への転換を
促したことを指摘した。同時に，消費社会を象徴する記号としてアイドルを捉
えるなかで，その身体性や演技性，虚構性について論じた。特に 80 年代以
降，アイドル＝虚構（ウソ）であることをアイドル自身もそのファンも自覚し
つつ，自己を演出，相対化しながらクールに記号の差異の消費を享受する「虚
構ゲーム」に自発的に身を投じる様子に焦点を当て，アイドルを「実在なき記
号」としてシミュレーションする「アイドルシステム」（稲増 1989, 1990）を作
り出すテレビの役割を強調した。

　「アイドル」の社会的イメージが 70 年代から 80 年代に定着していき，それ
が揺らぎつつある頃合いに，ひとつの“現象”としての「アイドルとは何か／
何だったのか」が問われていった。それは，資本主義の産物である「商品」と
いう形で産業側に奪取された「操り人形」としてのアイドルを，またそこに迎
合する受動的な消費者としてのファンを通俗／低級なものとして捨象してきた
旧来の権威的，教養主義的なあり方を相対化し，あえて対象化することで意味
づけ，価値づけしていくプロセスであったとも言える。

4　高度経済成長期を経て豊かさが所与のものとなり，モノの使用価値よりも付加価値，利便
　性よりも差異に重きを置いた消費が志向されるようになった社会のあり様。
5　1980 年代初頭に日本で起こりそれまで主流をなしたイデオロギー，社会・階層構造や学術
　のあり方を相対化する知の潮流。記号論や構造主義，ポスト・モダニズムといった西欧か
　らの学問の流入とともに展開された。「ニューアカ」とも。
6　社会において構造化されている男性の女性に対する不当な優位性を変革しようとする思想
　や運動の総称。1970 年代半ばにかけて日本を含め世界的に広がった第 2 波フェミニズムで
　は，家内領域における支配，抑圧，不均衡な関係も問題化された。こうした社会学的な学
　術用語については，『現代社会学事典』（弘文堂，2012 年）や門林・増田編（2021）などが
　その入り口となろう。参照されたい。

2.2　ファン文化研究としての視座

　アイドルを受容する側，ファンへの関心の高まりが顕著になるのは，2000年代に入ってからである。欧米におけるファン／ファンダム（ファン集団，そこでの連帯についての）研究，ポピュラーカルチャー研究，そして，カルチュラル・スタディーズ[7]における能動的なオーディエンス論[8]の影響を受けながら日本におけるファン文化研究は発展を遂げてきた。[9]

　前節で確認した「アイドル研究」の萌芽期における諸研究においても，受容者，主にはテレビメディアのオーディエンスとして，ファンがアイドルをどのような対象としてみているのかについて注意が払われてきた。つまり，ファンとアイドルとの関係性が主たる論点として顕出されていた。[10]

　ただ，80年代終盤以降，現象としてのアイドルが一時衰退し，「アイドルシステム」の機能低下が叫ばれるなかで，アイドルのファン（主には男性）は限られたマニアックな層，「おたく／オタク」[11]の一種とみなされるようになり，大衆文化論や若者文化論的な文脈ではなく，オタク論との接続を強めるようになる。それゆえ，独特のファッションやコミュニケーション能力の著しい欠如の

7　カルチュラル・スタディーズ（CS）とは，20世紀後半にイギリスのバーミンガム大学現代文化研究センター（CCCS）を中心に起こった横断的学問領域からなる潮流であり，それまで取り上げられる機会の少なかった日常生活における様々な現象についてイデオロギー，人種，社会階級，ジェンダーといった諸問題を扱う。

8　カルチュラル・スタディーズでは，マス・コミュニケーションにおけるエリートが司るものに一方的に影響を与えられる受け手（大衆）から，能動的なオーディエンスという捉え方への転換が目指された。解釈がオーディエンスに開かれたコンテンツは「テクスト」と呼ばれるが，「テクスト」は，意味が不確定，みる者の解読によって完成し，解読する際には社会・文化的文脈（コンテクスト）に応じたコードが用いられる。能動的オーディエンス論の立場からテレビ番組を分析したホール（1980）は，意味の生成ないし意味の解読を行う際に用いられるコードを①支配的コード，②交渉的コード，③対抗的コードの3つに分類し，これらのコードを用いて番組制作過程と視聴過程を分析する「エンコーディング／デコーディング・モデル」を提唱している。

9　欧米のファン／ファンダム研究については，池田（2012a, 2017），瀬尾（2020）において詳細に整理されている。

10　たとえば，小川（1988, 1991）は，アイドルを「疑似的仲間」として捉えるとともに，テレビによって歌手であったはずのアイドルの身体が視聴者の視線にさらされるようになることで，異性にとっての性的な欲望の対象になるようになったと指摘した。

11　「おたく／オタク」については，岡田（1996），圓田（1998），岡田（2008），松谷（2008），池田（2012b），女性オタクについては，『ユリイカ』（青土社，2020年9月号），田島（2022）などが詳しい。

ようなステレオタイプ化されたネガティブな人物イメージばかりが独り歩きしてしまい，ファンやファン同士によるコミュニティの実態をニュートラルに追究する視点は育まれにくくなってしまっていた。

　一方，「アイドル冬の時代」と呼ばれる90年代を通じてテレビやアイドル誌といったマスメディアとの関係を深めていったのは，「ジャニーズ」（ジャニーズ事務所に所属する男性アイドル個人ないしグループ）の男性アイドルであり，辻の諸研究（2001, 2003a, 2003b, 2004, 2007など）に端を発してジャニーズの女性ファンに関する研究が2000年代から蓄積され始める。辻は，「ジャニーズ」とファン，ファン同士の関係性双方に着目し，その様態を詳らかにしていく試みにおいて，「同担拒否／回避／禁止」（以下「同担拒否」）というファン特有のふるまいが意味するものについて考察した。好きな／応援する「ジャニーズ」をファンは「担当」と呼ぶが，「同担拒否」とは，「担当」が同じ他のファンとつながることを避けるふるまいをいう。辻によれば，ファンはアイドル（「担当」）と自身の関係性を最大化，最適化するために，ノイジーな，競合相手となる「同担」を遠ざけつつ他のファンとは積極的に関係性を形成していくコミュニケーション形態をとることで満足感を得ており，これを「関係性の快楽」と読み解いた（辻 2004, 2007）。

　一連の研究では，ファン同士の関係性に光を当てた点，アイドル関連のテクスト分析[12]のみならずインタビューを通じてファンの生の声に耳を傾けるというエスノグラフィックな手法を「アイドル研究」に導入した点，日本的なコンテクストに読み替えてカルチュラル・スタディーズのフレームを援用し，無意味で役に立たないとみなされてきたファンの実践を「遊び」と位置づけていくことでファンを文化の「担い手」として主体化した点にその功績をみる。これによって文化研究として「アイドル研究」に新たな地平が開かれた。

---

12 ここでは，注8に記載しているようにカルチュラル・スタディーズの文脈をふまえて，読み手に解釈が委ねられ，能動的な意味生成が可能なコンテンツを「テクスト」，その過程を念頭に置いた分析を「テクスト分析」とする。「テクスト」「テクスト分析」については，浪田・福間編（2021）がその手がかりとなる。

2.3 "研究"の広がり

　2010年代になると，AKB48（姉妹グループも含めて以下AKB）の人気を受けて地下（ライブ）アイドルやご当地アイドル等様々なジャンルのアイドルグループが鎬を削る「アイドル戦国時代」という様相を呈してきた（岡島・岡田 2011）。AKBをめぐっては実に多彩な論者によって議論が積み上げられている（田中 2010; 岡島ほか 2011; 田島 2011; 小林ほか 2012; 濱野 2012; 宇野 2013; さやわか 2013; 小林 2013; 坂倉 2014など）。マスメディア＋ソーシャルメディア＋現場（ライブやイベントが開催される場所）を横断するパフォーマンス実践とその受容，現場における身体性を伴う接触という相互作用，〈キャラ〉付けによる序列化や差異化，ドキュメンタリー性を有する物語の創出，ファン参加型による双方向性の強調と，AKBおよびそのアンチテーゼの意味も持つ坂道グループ（乃木坂46や欅坂46）は，2010年代以降のアイドルパフォーマンスの型を形成していった[13]。こうした状況は同時にアイドル全体の"語り"の活性化を招いた。

　まず，メディア史的な観点から「アイドル文化」の移り変わりを論じる過程で，テレビ，映画，雑誌，音楽，インターネット等特定のメディアの機能やコンテンツの資料的な価値を問い直したり，メディア論の枠組みからアイドルや関連した現象を分析する切り口を提示したりする研究が目立つようになる（太田 2011; 加藤 2016; 塚田・松田 2016; 田島 2017; 西 2017; 永井 2018; 谷島 2018など）。アイドルをめぐるメディア空間やプラットフォームの多様化がメディア文化としてのアイドルの語りに広がりをもたらしたと捉えられよう[14]。

　また，2000年代のファン文化研究の成果をふまえ，「ジャニーズ」のファンを中心に女性ファンに関するさらなる研究蓄積がみられる。ファンダム内の権力関係（ヒエラルキー）への言及や海外の視点が盛り込まれるようになったことが特徴として挙げられる。ここでいう海外の視点とは，海外におけるアイドル的な対象のファンの研究（金 2010），日本（日本を拠点に活動する）のアイドルの海外（国籍または在住）のファンの研究（龐 2010; 陳 2014，いずれも台湾ジャニーズファンを事例とする），海外（海外を拠点に活動する）のアイドルのファンの研究（吉光

---

13 AKBをめぐったこうした論点は，南（2016, 2017a, 2017b, 2017c, 2018）が整理している。また，乃木坂46については土坂（2016）や香月（2020）が詳しい。
14 アイドルをめぐるメディア空間の多様化については，西条ら（2016）。

2012, 2015a, 2015b, 2018, いずれもK-POPアイドルのファンを事例とする), 海外 (にルーツを持つ) の研究者による日本のアイドルの研究 (Galbraith and Karlin eds. 2012; カキン 2019) というように多角的なものである。グローバル化とソーシャルメディアの普及を背景としたトランスナショナル／カルチュラルなファン実践への関心の高まりを物語る。[15]

　これらの研究においては, アイドルを糸口に時代や社会, メディアのあり方, 人と人との関係性を読み解いていこうとする点に共通項を見出せよう。換言すると, アイドルが国内外で有名性を獲得したがゆえに, 社会を語る際の重要な素材とみなされうるようになった現状を映し出している。

　アイドルの語りの活性化に伴い, "研究"のあり方はさらなる多様性を帯びてきた。それは, ①視点, ②ディシプリン (学問体系・分野・領域), ③対象ジャンルという大きく3つの側面から捉えられる。視点については, 芸能プロダクション, 放送局, 制作会社, 編集者, ライター, 批評家等それらと密接に関わって生活している者も含めたメディア業界関係者, 近年はアイドル本人が自身の芸能活動を赤裸々に綴るもの (一般には知ることのない芸能界の事情, 暴露話の類という様相も) まで多方面にわたり, ファンの語りや特殊な生態をまとめたり分類したりする文献も見受けられる。

　ディシプリンについては, 人文学, 社会学を起点に, 経済学や経営学の領域まで, また文化論からメディア／コンテンツ産業論の視角まで, 方法論的にみると, テクスト分析, エスノグラフィー, それらを横断的に行うマルチメソッドなアプローチが採用され始めている。ジャンルについては, 俳優や芸人, スポーツ選手等アイドル視される対象範囲は歌手にとどまらず, さらには実体化した生身の身体を伴う3次元のみならず, マンガ・アニメ・ゲームのキャラクターといった2次元, アニメ声優やマンガ・アニメ・ゲームを原作とする舞台・ミュージカルに出演する俳優といった2.5次元の存在まで拡張している。[16]

　ただ, かような多様性ゆえ, アイドルの語義の捉え難さも指摘されている (香月 2014)。香月は, 異なった水準の語義設定が明確には分けられることなく混在しており, 語義の錯綜が「アイドル」を論じる際の齟齬や混乱にもつなが

---

15 トランスナショナルな文化, コンテンツの受容については, 岩渕 (2001, 2016) 等が詳しい。
16 2.5次元コンテンツ／文化とそのファンについては, 田中 (2018) や須川 (2021) が詳しい。

っているのではないかとの問題提起に従って，とりわけ女性アイドルを軸に語義の水準を①偶像崇拝としてのアイドル，②「魅力」が「実力」に勝るものとしてのアイドル，③ジャンルとしてのアイドルの3つに分類し，①②を「存在としてのアイドル」，③を「ジャンルとしてのアイドル」として対比した。

　以上，業界側から，ファンが，そして，アイドル自ら，それぞれの視点，立場から多彩なアイドル論を展開していくなかで，既存のアカデミックな枠組みにはとらわれない論点が育まれ，またそれらを参照することでアカデミックな研究の関心の幅も一層広がり深まってきていると言えよう。

3 おわりに

　これまでの「アイドル研究」について，論じられるコンテクストに考慮しながら時間軸に沿って整理していくことで，アイドル史を概観しながら，その学術的な研究としての論点を浮き彫りにした。最後に，以上をふまえつつこれからの「アイドル研究」に何が求められると言えるのかを見つめよう。

　まず，「アイドル」の情報やコンテンツをめぐるメディア空間，流通させるプラットフォームは一層広がりを見せている。マスメディアに加えて，ソーシャルメディア，そして「現場」という3つの場所において「アイドル」はパフォーマンスを行い，特に，ソーシャルメディア，「現場」においては，ファンとの双方向性が強固に意識されるようになっている。そして，こうしたメディア空間は，マスメディア，ソーシャルメディア，「現場」が別々に閉じた空間として存在しているわけでも，対立するわけでもなく，それぞれが分かち難く紐づいて多層化しており，受容する側は，それらの空間を越境しながら，また，横断的にその場所で流通するコンテンツを消費，利用しながら「アイドル」のパフォーマンスに関わり，「アイドル文化」を形成していっていると捉えることができる。このようなメディア状況は，ジェンキンズのいうコンヴァージェンス・カルチャー[17]の文脈から「アイドル文化」を再考する必要性を想

---

17 コンヴァージェンスとは，①多数のメディア・プラットフォームにわたってコンテンツが流通すること，②多数のメディア業界が協力すること，③オーディエンスが自分の求めるエンターテインメント体験を求めてほとんどどこにでも渡り歩くこと，と定義されている

起させる。それゆえ，この点を念頭に置き幅広いメディア／コンテンツに目を向けた研究が求められよう。

　次に，メディア空間の多層化と関連して，「アイドル」とファンとの相互作用をより意識し，ファンの実践を捉え直す必要がある。ファン文化の側面から言えば，コンテンツの消費のみならず，その生産・流通において能動的な実践を行う「参加型文化 (participatory culture)」（ジェンキンズ 1992）の担い手としてファンを捉える傾向はますます強まっている。情報通信技術の急速な発展，デジタルプラットフォームの整備はこうしたファンの変容を後押しし，従来の「生産者／消費者」「プロ／アマ」といった枠組みが脱構築されている。さらには，デジタルプラットフォームによって，トランスナショナル／カルチュラルなファン実践が以前にも増して活発に行われやすくなり，同時に，グローバル市場を意識して活動する K-POP アイドルのファンダムに関しては，この点をふまえた国内外の研究が一定の蓄積をみる。[18]今後はそうした知見を参照した日本の「アイドル文化」との比較研究が待たれる。

　そして，「アイドル」とファンとの関係性について今一度問うこともまた不可欠であろう。ファンが「アイドル」をみるときには，異性にとっての「疑似恋愛」の対象としてセクシュアルな意味合いを込めてまなざすことが「アイドル研究」の萌芽期から指摘されてきた。それゆえ，ジェンダーステレオタイプ化された女性像／男性像イメージの刷り込みや性の商品化，「アイドル」，ファン双方の搾取がジェンダー／セクシュアリティ研究のなかで問題化されてきた。[19]しかし，昨今のファン研究においては，こうしたア・プリオリに異性愛を前提とみなした従来のあり方を見直す必要性が説かれており（小川 2018），「アイドル」と（生物学的な／または性自認において）同性ファンとの関係性や同性の「アイドル」同士の関係性，そして，ジェンダー／セクシュアリティによって規定されない「アイドル」とファンとの関係性に研究の関心が向けられるよ

（ジェンキンズ 2021: 24）。

18　たとえば，吉光 (2012)，Kim (2018)，大尾 (2020)。

19　こうしたジェンダー／セクシュアリティ研究における争点については，田島悠来，2020，「ジェンダーの視点から『アイドル』文化を考察することを通じて」に端的に整理されている（https://academist-cf.com/journal/?p=12821，2021 年 2 月 18 日閲覧）。

うになっている。「アイドル」とファンとの関係を語る上での重要なキーター[20]ムとしてあり続けてきた恋愛至上主義，さらには，異性愛至上主義的な解釈フレームを相対化するファンのまなざしを浮かび上がらせ，「アイドル」とファンとの関係性を読み解く上での新たな視点の提供に寄与できるような研究が蓄積されていくことを期待する。

参考文献

陳怡禎，2014，『台湾ジャニーズファン研究』青弓社．

Galbraith, Patrick and Karlin, Jason, eds., 2012, *Idols and Celebrity in Japanese Media Culture*, UK: Palgrave Macmillan.

濱野智史，2012，『前田敦子はキリストを超えた——〈宗教〉としてのAKB48』筑摩書房．

Hall, Stuart, 1980, "Encoding/decoding," S. Hall, D. Hobson, A. Law and P. Willis, eds., *Culture, Media, Language Working Papers in Cultural Studies 1972-79*, London: Hutchinson, 117-127.

龐恵潔，2010，「ファン・コミュニティにおけるヒエラルキーの考察——台湾におけるジャニーズ・ファンを例に」『情報学研究』78: 165-179．

池田太臣，2012a，「共同体，個人そしてプロデュセイジ——英語圏におけるファン研究の動向について」『甲南女子大学研究紀要 人間科学編』49: 107-119．

池田太臣，2012b，「オタクならざる『オタク女子』の登場——オタクイメージの変遷」馬場伸彦・池田太臣編『「女子」の時代！』青弓社，123-154．

池田太臣，2017，「ファンシップ／ファンダム——ファン研究のプラットフォームの整備に向けて」『女子学研究』7: 1-6．

稲増龍夫，1989，『アイドル工学』筑摩書房．

稲増龍夫，1990，「シミュレーションの快楽——現代アイドル文化考」『早稲田文学』8（168）: 26-33．

岩渕功一，2001，『トランスナショナル・ジャパン——アジアをつなぐポピュラー文化』岩波書店．

岩渕功一，2016，『トランスナショナル・ジャパン——ポピュラー文化がアジアをひらく』岩波書店．

ジェンキンズ，ヘンリー，2021，渡部宏樹・北村紗衣・阿部康人訳『コンヴァージェンス・カルチャー——ファンとメディアがつくる参加型文化』晶文社．

Jenkins, Henry, 1992, *Textual Poachers: Television Fans and Participatory Culture*, New York: Routledge.

カキン オクサナ，2019，「『未熟さ』を磨き，愛でる——ファン行動に見るアイドル育成の文化的側面」『人間文化創成科学論叢』21: 223-230．

香月孝史，2014，『「アイドル」の読み方——混乱する「語り」を問う』青弓社．

香月孝史，2020，『乃木坂46のドラマトゥルギー——演じる身体／フィクション／静かな成熟』青弓社．

---

20 たとえば，辻（2012, 2018），田島（2013）。

加藤裕治，2016，「スターという映像文化」長谷正人編『映像文化の社会学』有斐閣，217-232.

門林岳史・増田展大編，2021，『クリティカル・ワード メディア論 理論と歴史から〈いま〉が学べる』フィルムアート社.

金明華，2010，「中国におけるアイドル・ファン——李宇春ファン『玉米（ユーミー）』を手がかりに」『マス・コミュニケーション研究』77: 187-204.

Kim, Suk-Yong, 2018, *K-pop Live: Fans, Idols, and Multimedia, Performance,* California: Stanford University Press.

小林よしのり・中森明夫・宇野常寛・濱野智史，2012，『AKB48白熱論争』幻冬舎.

小林よしのり，2013，『ゴーマニズム宣言SPECIAL AKB48論』幻冬舎.

松谷創一郎，2008，「〈オタク問題〉の四半世紀——〈オタク〉はどのように〈問題視〉されてきたのか」羽渕一代編『どこか〈問題化〉される若者たち』恒星社厚生閣，113-140.

圓田浩二，1998，「オタク的コミュニケーション——『普通っぽい』アイドルと三つの距離」『ソシオロジ』43（2）: 67-79.

南雄太，2016，「AKB48論——メディア論的視座から見た『AKB48選抜総選挙』，及び指原莉乃」『應用語文學報』3: 73-89.

南雄太，2017a，「AKB48に観るヤンキー文化とオタク文化の接合関係について」『應用語文學報』4: 1-18.

南雄太，2017b，「〈サヴァイヴ系〉と〈空気系〉の狭間で——AKB48そして乃木坂46」『應用語文學報』5: 25-42.

南雄太，2017c，「イデオロギー，国境を超えるものとしてのAKB48」『應用語文學報』6: 1-17.

南雄太，2018，「〈現実／虚構〉の狭間で生きる存在としての〈アイドル〉とその現実改変の可能性——『DOCUMENTARY of AKB48』『マジすか学園』を素材として」『應用語文學報』7: 1-17.

永井純一，2018，「コンテンツ・メディアの来歴——ソリッドなスター／リキッドなアイドル」辻泉・南田勝也・土橋臣吾編『メディア社会論』有斐閣，55-71.

浪間陽子・福間良明編，2021，『はじめてのメディア研究——「基礎知識」から「テーマの見つけ方」まで 第2版』世界思想社.

難波功士，2020，「アイドルを声援することの系譜学——親衛隊からヲタ芸まで」丹羽典生編『応援の人類学』青弓社，297-323.

西兼志，2017，『アイドル／メディア論講義』東京大学出版会.

太田省一，2011，『アイドル進化論——南沙織から初音ミク，AKB48まで』筑摩書房.

大尾侑子，2020，「ファンの愛情か，音楽チャートの撹乱か？——K-POPアイドルファンの『スミン』行為にみる"越境する"協働」『アジア文化』39: 95-106.

岡島紳士・岡田康弘，2011，『グループアイドル進化論——「アイドル戦国時代」がやってきた！』毎日コミュニケーションズ.

岡島紳士と一八人のヲタ，2011，『AKB48最強考察』晋遊舎.

岡田斗司夫，1996，『オタク学入門』太田出版.

岡田斗司夫，2008，『オタクはすでに死んでいる』新潮社.

小川博司，1988，『音楽する社会』勁草書房.

小川博司，1991，「アイドル歌手の誕生と変容」藤井知昭・高橋昭弘責任編集『現代と音

楽』東京書籍，89-106.

小川博司，2018，「特集 ファン文化の社会学によせて」『新社会学研究』3: 14-17.

小倉千加子，1989，『松田聖子論』飛鳥新社.

西条昇・木内英太・植田康孝，2016，「アイドルが生息する『現実空間』と『仮想空間』の二重構造――『キャラクター』と『偶像』の合致と乖離」『江戸川大学紀要』26: 199-258.

斉藤貴志監修，2016，『アイドル冬の時代――今こそ振り返るその光と影』シンコーミュージック・エンタテインメント.

斎藤環，2010，「『AKB48』キャラ消費の進化論」『ボイス』395: 161-170.

境真良，2014，『アイドル国富論――聖子・明菜の時代からAKB・ももクロ時代までを解く』東洋経済新報社.

坂倉昇平，2014，『AKB48とブラック企業』イースト・プレス.

笹山敬輔，2014，『幻の近代アイドル史――明治・大正・昭和の大衆芸能盛衰記』彩流社.

さやわか，2013，『AKB商法とはなんだったのか』大洋図書.

須川亜紀子，2021，『二・五次元文化論――舞台・キャラクター・ファンダム』青弓社.

瀬尾祐一，2020，「ファンカルチャーの理論――ファン研究の展開と展望」永田大輔・松永伸太朗編『アニメの社会学――アニメファンとアニメ制作者たちの文化産業論』ナカニシヤ出版.

田島悠来，2011，「AKB48のメディア報道における受容過程――新聞記事の言説分析から」『メディア学』26: 15-50.

田島悠来，2013，「雑誌『Myojo』における『ジャニーズ』イメージの受容」『Gender & Sexuality』8: 53-81.

田島悠来，2017，『「アイドル」のメディア史――『明星』とヤングの70年代』森話社.

田島悠来，2019，「『アイドル』をめぐる雑誌分析の実践と展望」日本出版学会関西部会編『出版史研究へのアプローチ――雑誌・書物・新聞をめぐる五章』出版メディアパル，33-56.

田島悠来，2022，「『アイドル研究』の地図――これまでの動向と今後の展望」『コンテンツ文化史研究』13: 48-67.

田中東子，2018，「二・五次元ミュージカルのファン」『新社会学研究』3: 50-68.

田中秀臣，2010，『AKB48の経済学』朝日新聞出版社.

谷島貫太，2018，「インターネットはアイドルのローカル性を再編成する――メディアとコミュニケーションの視角から考えるアイドル受容の現在」髙馬京子・松本健太郎編『越境する文化・コンテンツ・想像力――トランスナショナル化するポピュラー・カルチャー』ナカニシヤ出版，175-189.

塚田修一・松田聡平，2016，『アイドル論の教科書』青弓社.

辻泉，2001，「今日の若者の友人関係における構造，意味，機能――アイドルのファンを事例として」『社会学論考』22: 81-106.

辻泉，2003a，「"オッカケ"をするファンたちの風俗」『現代風俗学研究』9: 26-37.

辻泉，2003b，「ファンの快楽」東谷護編『ポピュラー音楽へのまなざし――売る・読む・楽しむ』勁草書房，304-330.

辻泉，2004，「ポピュラー文化の危機――ジャニーズ・ファンは"遊べているのか"」宮台真司・鈴木弘輝編『21世紀の現実――社会学の挑戦』ミネルヴァ書房，2-52.

辻泉，2007，「関係性の楽園／地獄――ジャニーズ系アイドルをめぐるファンたちのコミュ

ニケーション」玉川博章ほか『それぞれのファン研究——I am a fan』風塵社，243-289.

辻泉，2012，「『観察者化』するファン——流動化社会への適応形態として」『アド・スタディーズ』40: 28-33.

辻泉，2018，「『同担拒否』再考——アイドルとファンの関係，ファン・コミュニティ」『新社会学研究』3: 34-49.

土坂義喜，2016，『乃木坂46という「希望」——彼女たちの表現世界が語る"もうひとつの声"』幻冬舎.

宇野常寛，2013，『日本文化の論点』筑摩書房.

山中智省，2009，「『おたく』誕生——『漫画ブリッコ』の言説力学を中心に」『横浜国大国語研究』27: 16-34.

吉光正絵，2012，「K-POPにはまる『女子』たち——ファン集団から見えるアジア」馬場伸彦・池田太臣編『「女子」の時代！』青弓社，179-227.

吉光正絵，2015a，「韓国のポピュラー音楽と女性ファン——K-POPアイドルのファン・カフェのマスター調査から」『長崎県立大学国際情報学部研究紀要』16: 173-183.

吉光正絵，2015b，「K-POPブーム期のメディアとファン——『見えるラジオ』の調査結果から」『東アジア評論』7: 63-76.

吉光正絵，2018，「送り手とファンの相互作用——K-POPの女性ファン文化」『新社会学研究』3: 18-33.

「アイドル」の見方とその研究方法

田島 悠来

　〈「アイドル研究」〉とは言っても，社会学，心理学のように一個の学問分野なわけではなく，方法論が1つに定まってもいない（「アイドル学」という言葉はない）。だからこそ**第1章**でみたように多様なディシプリンにより比較的自由な語りが紡がれることを許容しており，領域横断的な，つまりは学際的な研究として成立する可能性を持っているとも言える。

　一方で，研究方法や理論が確立していない分，どのように研究を実践していくのが適切なのかの判断が難しい。そのため，「アイドル研究＝ただの好事家の趣味」のように見られがちである感は否めない。そこで，大学や大学院等学術的な場に身を置いて「アイドル研究」の実践を試みようとする人たちに向けて，ここでは筆者の専門領域にひきつけ，マスメディア／コミュニケーション研究やカルチュラル・スタディーズの視座から「アイドル」を見つめ，研究に有用な方法を提示しておきたい。

　まず，多くの人たちに情報を提供するための媒介であることから，人そのものを“メディア”として位置づけて筆者は研究している。その意味からは「アイドル」自身が“メディア”であると言える。特に，「有名性を獲得している人」である「アイドル」はそれ以外の一般の人よりも他者に与える影響力が大きい存在であり，マスメディアとも不可分の関係にある。

　次に，「アイドル」に関連したメディア・コンテンツ，たとえば，「アイドル」が出ているテレビ番組や映画，雑誌や新聞の記事，ソーシャルメディア上の動画，文字，音楽等は，それを受け取る／みる人によってそこにどのような意味合いがあるのかの解釈が異なる「テクスト」（⇒**第1章**）であると見なす。つまり，「アイドル」の「テクスト」が持つメッセージをいかに読み解くのかは，人によって様々である可能性があり，その人がどのような社会的立場にあるのか（たとえば，その人は

表❶-1　メディア・コンテンツの分類

	パッケージ	ネットワーク	劇場・専用スペース	放送
動画	DVD，ブルーレイ（セル，レンタル）	動画配信	映画ステージ	地上波BSCSCATV
音楽・音声	CDDVD，ブルーレイ（セル，レンタル）	音楽配信	カラオケコンサート	ラジオ
ゲーム	ゲーム機向けソフト	ゲーム機向けソフト配信オンラインゲームソーシャルゲーム	アーケードゲーム	
静止画・テキスト	書籍雑誌新聞フリーペーパー	電子書籍各種情報配信サービスほか		
複合型		インターネット広告モバイル広告		

出所：『デジタルコンテンツ白書2021』（一般財団法人デジタルコンテンツ協会編 2021: 4）をもとに筆者作成。

いつの時代のどこの国・人種のどういったジェンダー／セクシュアリティの人なのか。これは社会的・文化的文脈，または「コンテクスト」とも呼ぶ）も含めて考察する必要があるというスタンスをとっている。これはカルチュラル・スタディーズにおける能動的オーディエンス論（⇒**第1章**）的な見方に通じる。**表❶-1**はメディア・コンテンツを分類したものである（横がメディア，縦がコンテンツ）。それぞれにどのようなものが当てはまるか，「アイドル」関連の具体例を挙げてみてほしい。「アイドル」の「テクスト」とは，これらすべてを射程とする。

　以上をふまえつつ，「アイドル研究」の方法は①テクスト分析，②ファン研究の大きく2つに分けられる[2]と考えている。

◇テクスト分析

　「アイドル」関連のメディア・コンテンツそれ自体の内容，それによって「アイドル」やその者が演じる人物のイメージがどのように作られていっていると言えるのかの分析・考察。図像（写真やイラスト），言説（書かれ／話された言葉）を通じメディアが描くイメージを分析（表象分析）していくことで，そうしたイメージが何を意味しているのかを考察していく。

また，「テクスト」は，カルチュラル・スタディーズを代表する研究者のひとりジョン・フィスク（フィスクについては⇒**コラム❸**）のテレビ番組の分析によると，第1次テクスト（テレビ番組そのもの），第2次テクスト（そのテレビ番組についてのプロモーション番組，記事，批評），第3次テクスト（視聴者の反応，会話，投稿・投書）という3つの段階に分類可能である。またこれら3つの異なるレベルの「テクスト」の相互作用により番組は成立しているという。これはテレビ番組以外にも援用でき，またソーシャルメディアが浸透した現在のメディア状況を念頭に置くならばさらにその幅も広がってくる。

　ここで一例として，「アイドル＝歌手」を想定しその音楽コンテンツを分析しようとすれば，次のようになる。

　　第1次テクスト：　楽曲の歌詞やMV
　　第2次テクスト：　「アイドル」の出演する音楽番組，「アイドル」およびその楽
　　　曲について書かれたメディア記事
　　第3次テクスト：　「アイドル」のファンクラブの会報に寄せられた投稿，雑誌な
　　　どの投書，SNSの投稿，ネット記事や動画に付けられたコメント

◇ファン研究
　「アイドル」を受容する側，特に「アイドル」を愛好し，応援し，支えるファンに着目する。熱狂的なファンは「オタク」と呼ばれることもある。

　マス・コミュニケーション研究の分野においては，「受け手」として，マスメディアの視聴者や聴取者，読者が「テクスト」を受容することによる効果，それらをどのように利用しているのか，いかなる満足を得ているのかに注意が払われてきた。ただし，「受け手」へ向けられるこうした関心の根底には，メディアが発するメッセージに否応なく影響を受けてしまう受容者側の大衆的で受動的な一枚岩な姿があった。

　一方，カルチュラル・スタディーズ的な文脈では，すでに述べたように，メッセージをどのように解釈するのかはあくまでみる側に委ねられており，また，その能動的なあり方に目を向ける必要性が説かれている。加えて，「受け手」ではなく，「テクスト」に意味づけし，他のファンと連帯，共同し文化を創造していく「担い

手」としてファンを捉えていこうとする。

　以上を念頭に置き，ファンを研究する際には，ファンがどのように「テクスト」を読み取っているのかを探究するにあたり，ファン自身の声を拾う聞き取り調査（インタビュー調査とも）や質問紙調査（アンケート調査とも），ファン集団の中に入り込み生活を共にしたり，イベント等での行動を観察したりするエスノグラフィーといったように，なんらかの調査を実施するケースが多い。[3]調査対象者であるファンを見つけ出し，協力を仰ぎ，時に深く関わり合いながら信頼関係を築き上げつつ，場合によっては長期間にも及ぶ調査を要することもある。

　このように，①テクスト分析は資料／史料を丹念に読み込んでいくことを，②ファン研究はフィールドへ出向き，他者とコミュニケーションをとっていくことをそれぞれ求められる研究方法である。無論双方を取り入れた方法論（マルチメソッド・アプローチ）が最適だが，研究者ひとりが遂行することのできる作業量には限りがあるため，どちらに軸足を置くのか，研究者本人の問題関心と資質とを照らしながら決していくことを推奨する。

[1]　メディア／カルチャー研究の方法については，南田勝也・辻泉編，2008，『文化社会学の視座──のめりこむメディア文化とそこにある日常の文化』ミネルヴァ書房，また，これまでのメディア文化研究については，佐伯順子，2022，「メディア文化研究の歩みと課題」『マス・コミュニケーション研究』100: 75-87。

[2]　これ以外にも，パフォーマンスを行う「アイドル」本人や運営・マネージメント側，そして「テクスト」を作り出すいわゆる「送り手」に着眼する場合もある。紙幅の関係でここでは詳細は言及しないが，本書の別の章ではこのような方法が一部採用されているため参照されたい。

[3]　ただし，調査を実施せずともファンが関わる「テクスト」を分析することでファンのあり方を探ることはできる。たとえば，上記第3次テクストの分析がこれにあたる。

第 2 章

アイドルは労働者なのか

── 「好きなこと」を「やらせてもらっている」という語りから問う ──

上岡 磨奈

1 はじめに

　クリエイティブ産業およびエンターテインメント産業における労働は，消費者への見せ方によって労働らしからぬイメージを与えることがある。たとえばステージ上で歌い踊るアイドルはとても楽しそうに見えるだろう。観客たちはその楽しそうな姿に心を動かされ，好きなことを一生懸命頑張る姿を応援する。そして，自分の好きなことを仕事にしている彼らを羨ましく思うかもしれない。しかし，実際のアイドルの具体的な仕事内容や生活環境について一考すると決して「楽しい」や「好き」だけでは成り立ちえないことがわかる。

　アイドルが歌やダンスの演技を披露する行為を，本人，ファン，所属する芸能事務所のマネージャー，メディアやイベントの関係者は，一般的に，そして習慣的に「仕事」（「お仕事」）と呼ぶ。観客は対価を支払ってそのパフォーマンスを享受する，つまり「仕事」には金銭の授受が発生しており，それを商品としてみることはきわめて自然である。

　しかし実際にはこれらの行為が彼らの生活を支える仕事としては成立せず，アルバイトなどの経済活動を芸能活動と並行して行っているケースも少なくない。また収入はあっても非常に低く，貧困に喘ぎながら観客には笑顔を見せる，といった様子がメディアを通じてセンセーショナルに描かれることもあ

31

る。

　アイドルの「仕事」は仕事なのか。仕事であるとするならばアイドルは労働者なのか。そしてこの問いにどのように答えることが可能なのか。またどのような調査，分析によって論じることが可能なのか。アイドルの労働実態や生活環境についての調査はあまり例がなく，学術的な報告はまだ少ない。本章では，アイドルとして活動する若者へのインタビューおよび生活調査からアイドルの労働実態の一事例を労働社会学的に描き出すとともに，アイドルの「仕事」について検討し，その課題の一部を見出すことを試みる。

2 アイドルと労働をめぐる議論

　2008年11月，アイドリング!!!は『「職業：アイドル。」』と題するシングルを発売した。[1] アイドルの悲哀とともに「これが仕事！」と歌いあげる歌詞は，「職業」としてのアイドルに邁進するアイドリング!!!メンバーの姿を描いているように感じられる。また2014年にリリースされた楽曲，Berryz工房の『普通，アイドル10年やってらんないでしょ!?』[2] の中でもアイドルは「職業」，「仕事」として歌われており，アイドルを仕事とみるのが近年の自然な傾向と考えられる。しかし，そもそもアイドルは「アイドル」という名を冠した職業ではなかったのではないだろうか。

2.1　アイドルは仕事なのか

　太田省一はアイドルの歴史をオーディション番組『スター誕生！』（日本テレビ）から紐解き，アイドルが職業と見なされるようになった経過を分析している（太田 2014: 4-8）。同番組では「スター」，歌手を目指す出場者たちがオーディションに合格し，デビューしていくプロセスを視聴者に見せるという点で画期的であった。そこでは，技術的に完成された歌手ではなく「未完成さの魅力

1　2008年11月19日にポニーキャニオンからリリースされたアイドリング!!! 4枚目のシングル曲。作詞は Tonji，7chi子♪，作曲および編曲は Funta7 が担当している。
2　2014年6月4日にピッコロタウンからリリースされた Berryz 工房 35 枚目の両 A 面シングル『愛はいつも君の中に／普通，アイドル 10 年やってらんないでしょ!?』に収録。作詞・作曲ともにつんく。

を持つ存在」が印象づけられ，徐々に「未完成」の歌手をアイドルと見る向きができあがっていった。要するに彼らが最初に目指していたのは「スター」であり，「アイドル」ではなかった。太田によれば，アイドルは日本社会におけるコミュニティの喪失によって「仕事」となっていく。つまりアイドルとファンによって形成されるようなコミュニティを人々は求めており，その中心にあるアイドルは「"社会的な仕事"」を果たしているというのだ。

　しかし同時に太田はアイドルを生計のための仕事とは言い難いとも述べている。その理由は明確には示されていないが，経済的な報酬をめぐる問題がそこにはあるだろう。仕事でありながら十分に賃金を得ることができず，コミュニティ内で重要な役割を果たすアイドルの姿を竹田恵子は，ジェンダー，フェミニズム，感情労働をキーワードにカルチュラル・スタディーズの視点からケア労働として捉え，その労働の特徴と問題点を明らかにしている（竹田 2017）。竹田は，アイドルとファンの間のコミュニケーションが「テクニック（熟練労働）」であると認められていないことから（「非熟練労働であるという『偽装』」），それによってアイドルは労働者としての評価を正当に得られず，報酬の低下を招いているのではないかと指摘している（ibid: 129-130）。

　確かにアイドルの職業性については見えにくくされていることが多い。香月孝史は，グループアイドルである乃木坂46を例に，「演じる」をキーワードとしてパフォーマーであるアイドルの身体による多層的な演技，その主体性および2010年代の女性アイドルの職能について論じている（香月 2020）。香月によれば「ミュージシャンや俳優，モデルなど，ある単一ジャンルの専従者ならば」芸能者としてその職能を認められやすいが，「さまざまなジャンルへと越境しながらそのつど自らの役割を探し当て，順応し続けるアイドルの営み」は「一人前」，言い換えればプロフェッショナルとしては理解されにくい（ibid: 14-15）。

　こうした理解しにくさ／されにくさによってアイドルの「仕事」を仕事と見なすか否かには留保が求められているともいえるだろう。

2.2　契約と「事務所」

しかし近年，大変に残念なことではあるがアイドルの自死報道などをきっか

けにアイドル活動を労働基準法の観点から議論する場も徐々に増え，2020年には地下アイドルとその契約状況にフォーカスした『地下アイドルの法律相談』（日本加除出版）が出版された。同書では法律の観点から，その働き方によってアイドルが労働者であると判断することが可能であると述べている（深井ほか 2020: 43-45）。これは契約書などを作成しての契約が交わされていない場合にも成立し，労働の実態によって法律上の権利を主張することができるという。

　ここで主張する相手はアイドルに対して仕事の指示を出す芸能事務所である。芸能事務所にタレントとして所属している場合，この「事務所」によって仕事が定められ，拘束時間を設定され，報酬が決められる。アイドルの仕事に対する事務所の決定権がアイドルの「仕事」を法的に仕事として認めるか否かを決める判断材料となるのである。確かにアイドルの労働環境を調査する上で事務所とアイドルの関係性を明らかにすることはかなめになるともいえる。社会的な役割を持ちながら生計を立てるほどの賃金を得られず，非熟練労働者と見なされ，複数の表現手段を越境して演技を行っても一人前とは理解されない。これらの報酬や評価に関わる判断を下しているのはアイドルを取り巻く人々，中でも仕事を与える立場にある事務所の影響力は大きい。

　以上の点に留意しつつ，次に実際の調査データから本章の問いについて検討する。

❸　アイドルはいかにしてアイドルになるのか

　本章で報告する事例は，アイドルと名乗って，またアイドルと名指されて活動をしていた経験を持つ人々へのインタビューによるものである。アイドルは様々な場面でインタビュアーなど誰かからの質問に公の場で答える機会がある。しかし答える内容にはある程度の線引きが必要とされ，アイドルに限ったことではないが，自身の経済状況や生活環境についてはあまり明らかにされない（ただし，そうした質問にオープンであることを持ち味とするアイドルも存在する）。よって生活や労働の実態を摑むためには改めてこれらの項目にフォーカスしたインタビューを行う必要がある。

　2019年4月，20代〜30代の男女8名を対象に，アイドルとしての活動について，活動当時および現在の生活，仕事内容，仕事に対する態度，振る舞い等を問う半構造化インタビューを行った。そしてそのうち1名（ヨシダさん・仮名）に対し，以降2021年1月まで断続的なインタビューおよび生活調査を継続した。

3.1　費用と時間の限界まで

　ヨシダさんは，「前から歌とダンスができる人に憧れがあって。でも機会がなくて小中高専門で，就職して普通の，一般的な生活」をしていたが「20歳になった時，なってからかな，諦めきれなくて，最後のチャンスと思って，でたまたま見つけて」アイドルグループのオーディションを受けた。当時は首都圏ではなく地方に住んでいたが，そのまま同アイドルグループを擁する東京の芸能事務所に所属することになった。しかし，事務所との契約について聞くと「特にやってない」という。「全然わからないから聞いたわけでもなく，契約はしてないんじゃないかな」。その後はイベントへの出演やレッスンのために片道数時間をかけてひと月に何度も上京する生活を送ることになる。この移動にかかる交通費は自腹であったが，「自分も（交通費を）出してもらえると思ってなかったから，好きなこと，やりたいことやらせてもらってるから（自分で）出すのが当たり前だと思ったね」と疑問を抱かなかったという。

　また時間についても状況はひっ迫していた。すべての休日をイベントやレッスンの日程に合わせ，通常の仕事を終えた足で東京へ行き，イベントが終了すると同時に急いで夜行バスに乗り込み地元へ戻る。当時を振り返ると，ヨシダさんは「超きつかったです」，「辛かったー」，「ご飯も食べられないし浅い睡眠しか取れず」と言葉を並べた。体力的な限界とそして何よりも移動に費用も時間もかかることによって仕事の機会を逃すことに悔しさを感じ，他のメンバーと同様に仕事をしたいという思いで数か月後上京することになる。苦境を耐え忍びながらもアイドルとしての仕事を辞めることは考えなかったという。「それぐらいやりたかった。年齢的にも最後のチャンスだと思ったから……体力的にも無理だなって思うところまで続けたかった。できてたし，まだいけるなって」。

3.2　アイドルとしての時間

　上京したヨシダさんは次第にグループの中心メンバーとして頭角をあらわし，数千人から数万人を動員する巨大なフェスイベントなどにも選抜メンバーとして出演するようになる。同時に1か月に数千円だった報酬も倍以上の2万円ほどになり，最初のインタビュー時にはすでに数万円を事務所から受け取るようになっていた。もちろん生活を支えるような収入にはなっていないことは明白だ。この時は月に4万円ほどのアルバイトで何とか生活を支えていた。地元では10数万円の月収を得ていたのだから，経済状況は悪化している。

　しかし，アイドルの仕事としていえば著しい成果を上げていることもまた明らかである。つまり収入や経済状況を度外視しても，アイドルである時間を増やすことはアイドルとして仕事をする上でまず不可欠であったといえるだろう。

　表2-1は，ヨシダさんの一日の一例である。この日はアルバイトがなく，事務所で寝泊まりをしているため，特にアイドルとしての仕事の比率が高い。しかしこの日の「仕事」に支払われる報酬は，特典会で撮影したファンとの2ショットチェキ12枚に対する1,200円のみである。1,000円で販売されているファンとの2ショット撮影に対し1枚100円の歩合制，この他に事務作業としてオンライン商品の発送1通に対し100円，事務所の清掃1回に対し100円が支給されており，拘束時間と報酬が比例するということは必ずしもない。ただ「仕事」の時間を増やすことによって，報酬を得る機会を確保するということにはなる。この時間を確保するため，アルバイトは23時から翌日まで深夜帯に行っていた（表2-2）。当然睡眠時間を削減することになるが，できる限り，「体力的にも無理だなって思うところ」までその生活を維持することにヨシダさんの思いはあった（この回答から1年4か月後にも「時間がなければ寝なければいいのでは」と話している）。

４　「やりたいこと」を「やらせてもらっている」

　このようなヨシダさんのアイドルとしての生活は何によって支えられているのだろうか。ヨシダさんは何度かアイドルの仕事を「やりたいこと」，「やりた

表2-1　ヨシダさんの一日の一例（アルバイトのない日）

09:00 頃	起床，チェキ（⇒**第8章**）へのサイン作業
11:00 頃	食事，身支度
12:00 ～ 16:00	打ち合わせ，リハーサル，ライブ会場への移動
17:00	ライブ会場入り，ライブの準備（着替え，メイクほか）
18:00 ～ 22:00	ライブ出演，物品販売（物販）およびファンとの交流（特典会）
23:00 ～ 24:00	事務所にて物販など片付け
24:00 頃	食事，身支度
01:00 ～ 02:00 頃	就寝

出所：筆者作成。

表2-2　ヨシダさんの一日の一例（アルバイトのある日）

23:00 ～ 08:00	アルバイト
08:00 頃	洗濯，掃除，入浴
10:00 頃	就寝
13:00 頃	起床，身支度，移動
14:00 ～ 16:00	事務作業，事務所清掃 オンライン商品の発送 オンライン生配信の準備
16:00 ～ 17:00	オンライン生配信
17:00 頃	ライブの準備（着替え，メイクほか），食事
18:00 ～ 20:00	打ち合わせ，リハーサル，会場準備
20:00 ～ 22:00	ライブ出演，特典会
22:00 頃	片付け，着替え，移動（アルバイトへ）

出所：筆者作成。

かった」こととして語っている。しかし，ヨシダさんはこの「仕事」を長期的に続けたいとは考えていない。最初のインタビューの段階では，芸能活動を生涯続けたいというような強い思いはあるのか，という問いに「全然思ってない。(今の)グループで活動していて，人（メンバー）が好きだからただやってるだけでグループとか人がなくなったらやめるんじゃないかな」と答えている。

4.1　情と恩

また最初のインタビューから8か月後，ヨシダさんは奨学金の返済に追われ，「いよいよお金がやばい」と話している。

　　ヨシダ：　死んじゃうかもしれない。

　　──そこまでしてなんで続けるの。

　　ヨシダ：　今は完全に情！

　　──あー人間関係的な。

　　ヨシダ：　情だね。

　　──じゃあグループが解散するとか，そういう時まで続けるの。

　　ヨシダ：　うーん……。家に来ていいとか言われるけど（家賃を支払う負担を減ら
　　すために事務所やスタッフ自宅で寝泊まりをすることを提案されていた）そこまでして
　　続けたいわけじゃない。

　ヨシダさんの例では，アイドルであることそのものよりも周囲との人間関係
の中でアイドルで居続けることが重視されている。その後のインタビューでも
変わらず，「芸能界でやってやろうっていう気持ちがないからいいけど時間は
過ぎちゃうんだよね」と芸能活動への思い入れがないことを語っている。しか
しアイドルでいる期間は経済的な報酬を得るために時間を使うこと，そもそも
アイドル以外のことに時間を使うことが難しい。それでもアイドルとしての期
待や評価を優先するのは「情」があるからだという。この「情」は，ヨシダさ
んがアイドルとして存在する機会を与えた事務所，社長，プロデューサー，仲
間である他の所属タレント，マネージャー，スタッフ，また自身を応援するフ
ァンなどに対する恩に直結している。事務所が自分をメンバーとしてオーディ
ションで選び，仕事を与えて「くれた」，自分の希望を叶えて「くれた」こと
に対して，アイドルで居続けることが何よりも恩返しになると考えている。フ
ァンが自分を好きになって「くれた」，マネージャーや同じグループのメンバ
ーが活動を支えて「くれた」という思いもあるかもしれない。この「くれ
た」，また前述の「やらせてもらっている」という言葉の背後には，自身への
評価の低さも存在する。アイドルとして未熟な自分がアイドルとして仕事をす
ることができるのは，他者によってアイドルと認められたからだ，との思いが
「情」や，恩へとつながっていく。

4.2　他者との関わりによって成立する「仕事」

　アイドルの仕事を「仕事」と呼ぶことについて「自分じゃない人が関わって

るから（芸能活動は）仕事」とも語るヨシダさんにとって，「仕事」が仕事として成立するためには他者との関係が重要だと考えている。ヨシダさんの「やりたいこと」である歌やダンスは，アイドルとして仕事をしなくてもレッスンを受けたり，「歌ってみた」や「踊ってみた」のようにオンラインで自身の演技を公開したりすることによって達成することも可能である。しかし，そこに他者が関わることで「仕事」として見なされるようになると考えている。この「仕事」について報酬や評価が伴わなくとも，仕事として成立させることを可能にしている他者の存在，特に仕事に対して決定権を持つ事務所に対して恩を感じることによってアイドルである時間が持続していく。

　前節でアイドルの職能の理解しにくさ／されにくさ，特に「一人前」と判断されづらい困難について確認したが，アイドルという仕事そのものに対する肯定感の低さが本人を含めアイドルを取り囲む様々なアクターに共有されていることによって，経済的，体力的に困難な状況下においてもアイドルとしての仕事が成立することがヨシダさんの例から明らかになった。

5　他の労働との比較

　アイドルの労働性を検討するために隣接する，また労働環境に共通点がある他業種の労働研究を参照する。

5.1　芸能者，表現者を対象とした研究

　隣接する分野には AV 女優（鈴木 2013），舞台俳優（田村 2015），ファッションモデル（ミアーズ 2017），バンドマン（野村 2018a, 2018b）の生活を記述した研究がある。労働者として認識されることの少ない立場にある芸能者，表現者の生活環境に焦点を当て，当事者の主観を元に現状を提示するという点は本章に共通する。しかし，これらの研究と比較してアイドルに特異な点は，特定の演技や表現の時間以外にも労働時間として見なしうる時間が長いことである。より端的にいえば観客に見られている時間が長い。その場となるのがオンラインでの生配信や SNS への投稿である。

　上記のスケジュールには書かれていないが，ヨシダさんは日中 SNS への投

稿をも義務づけられている。事務所からの指示によりデビューしてすぐにアカウントが開設され，投稿を開始した。「数字では決められてないけど1日2〜3回は少ないって言われて，できる時間があるならしなさいって」，「内容は，たまに指示される時があって，（イベントへの観客）動員とか必要な時は自分たちの気持ちが伝わるようなことを書きなさいって」と語るように投稿回数や内容についても事務所から指示を受けている。ヨシダさん自身は，「得意じゃないので負担っちゃ負担」としつつも，「会えないお客さんに対して覚えてもらうためとか，自分を意識してもらうためのツールだと思います」と話すようにSNSを通じて観客からの視線を常に意識している。こうした行為はアイドルの生活の中で「仕事」の時間とそれ以外を区別することを難しくする。それは事務所の指示に常時，即時対応するためにスマートフォンが手放せないことにも関連するだろう。事務所に忠実に従い，身を粉にして応える姿を示すことでアイドルとしての時間を持続させていく。休日は「ないです。休みですって言われることもない[3]」。アイドルの労働は，他者に自身がアイドルであることを示すことによって成立するという点で特異であるといえる。

5.2 「好きなこと」と仕事を対象とした研究

また業種は異なるが阿部真大によるバイク便ライダー（阿部 2006），松永伸太朗によるアニメーター（松永 2020など）の研究は，「好きなこと」，「やりたいこと」を仕事にすることによって過酷な労働条件を意識せずに身体を酷使していく様がアイドルに共通するだろう。いずれも金銭による報酬よりもやりがいを労働者に強く意識させる。このようなやりがい搾取（本田 2008）の構造は，クリエイティブ産業，エンターテインメント業界に顕著であり，アイドルを通じて同業界全体の傾向として学術的に報告する必要がある。

　アイドルについての研究は様々な分野で幅広く進められてきたが，分析や議論の対象はアイドルという表現方法やその音楽作品，特定の歌手の魅力，ファンの動向などが主であり，実演家であるアイドル自身を労働者として記述する

3　2020年1月のインタビューの時点では「休み」とされる日が月に3日ほど設定されるようになったということであったが，それでも突発的に打ち合わせやレッスン，撮影などを指示されることもあると話した。

ことはほとんどなかった。それは，アイドルはステージ上の存在であり，作品であり，虚構（稲増 1989）であると考えられているからではないだろうか。また SNS や事務所との連絡の例に見たように時間で切り分けることが不可能なほど，また経済的な労働としてではなく人間関係の中に存在する労働という点から，演者にとってアイドルという労働は生活に密着していることが明らかである。これらの事情もアイドルの活動が労働と認識されにくい理由であろう。

6 おわりに

　2022年現在，アイドルはその正確な人数を把握することが困難なほど日々増減を繰り返している。女性アイドルに限定すると2010年から毎年開催されている世界最大級と言われるアイドルフェス「TOKYO IDOL FESTIVAL」（以下，TIF）には2019年，200組以上のアイドルが出演した。しかし，TIF への出演は現状，アイドルにとって目標として掲げられ2017年以降は出演のための公開オーディションも行われている（ただしこれによって出演できるアイドルは数組のみである）ことから，200組はアイドル全体のごく一部と推測される。これらのアイドルのほとんどは複数人によるグループ体制であること，またライブイベントを中心に活動する男性アイドルも2010年頃から緩やかに増加傾向にあることから（上岡 2019: 222-223），アイドルとして活動する個人は少なくとも数千人規模で存在することがわかる。彼らの多くは10代から20代の若者であり，中には未成年も含まれる。また10代に満たない幼児，児童，反対に30代以上の熟練あるいは新人のアイドルも存在する。本章で報告した事例を平均的なものとして位置づけることはできないが，アイドルとして働く上での共通項をいくつか見出すことはできるのではないかとみている。

　事務所に所属するアイドルに課せられている「やらせてもらっている」という謙遜の態度は，その相手を仕事相手や観客，ファン，そして家族，友人，知人に置き換えることによって本来制限のないはずのフリーランスのアイドルにも強いられる可能性があるだろう。そうした人間関係の中で他者に配慮するあまり，アイドルの労働者としての姿はますます小さくされていく。それは「好きなこと」をやっている，という自由さからはほど遠い。アイドルの労働実態

からその「仕事」のあり方を批判的に検討することでアイドルを社会に生きる人間として提示し，社会学的アイドル論の刷新を積極的に行う。

参考文献

阿部真大，2006，『搾取される若者たち——バイク便ライダーは見た！』集英社.

稲増龍夫，1989，『アイドル工学』筑摩書房.

上岡磨奈，2019，「メンズアイドルの見えざる世界——『指チュー』の向こう側」『ユリイカ』2019年11月臨時増刊号，青土社，217-226.

香月孝史，2020，『乃木坂46のドラマトゥルギー——演じる身体／フィクション／静かな成熟』青弓社.

松永伸太朗，2016，「アニメーターの過重労働・低賃金と職業規範——『職人』的規範と『クリエーター』的規範がもたらす仕事の論理について」『労働社会学研究 』17号，日本労働社会学会，1-25.

松永伸太朗，2017，『アニメーターの社会学——職業規範と労働問題』三重大学出版会.

松永伸太朗，2020，『アニメーターはどう働いているのか——集まって働くフリーランサーたちの労働社会学』ナカニシヤ出版.

ミアーズ，アシュリー，2017，「ファッションモデルの仕事から——グローバルな界における市場と労働」藤田結子・成実弘至・辻泉編『ファッションで社会学する』有斐閣.

野村駿，2018a，「なぜ若者は夢を追い続けるのか——バンドマンの『将来の夢』をめぐる解釈実践とその論理」『教育社会学研究』103，日本教育社会学会，25-45.

野村駿，2018b，「バンドマンのフリーター選択・維持プロセスにおける積極性と合理性——若者文化の内部構造に着目して」『東海社会学会年報』10，東海社会学会，122-132.

太田省一，2014，「職業になったアイドル——テレビ，現場，そしてコミュニティ」『月刊民放』2014年9月号，日本民間放送連盟，4-8.

鈴木涼美，2013，『「AV女優」の社会学——なぜ彼女たちは饒舌に自らを語るのか』青土社.

竹田恵子，2017，「ライブアイドル，共同体，ファン文化——アイドルの労働とファン・コミュニティ」田中東子・山本敦久・安藤丈将編『出来事から学ぶカルチュラル・スタディーズ』ナカニシヤ出版，117-134.

田村公人，2015，『都市の舞台俳優たち——アーバニズムの下位文化理論の検証に向かって』ハーベスト社.

第 3 章

アイドルが見せる「夢」

——アイドルの感情労働——

石井 純哉

1 はじめに

　2010年代以降のアイドルの特徴の1つとして,「ファンとの距離の近さ」が挙げられる。この「距離の近さ」を象徴するものとして,ファンがアイドルと1対1で会話する「接触」と呼ばれる機会を挙げることができる。たとえば乃木坂46などといったマスメディアへの露出機会が多いアイドルが行う握手会から,ライブハウスを中心に活動するアイドルの多くが取り入れているチェキ撮影まで,多くのアイドルが「接触」の機会を設けている。したがってこの「接触」の場面の考察は,現代のアイドルを理解する上で重要な意義を持つと考えられる。

　他方で,アイドルの活動を労働として見たときに賃金の低さなど労働環境としての過酷さが見出されることがある。そのなかで,アイドル研究で指摘されてきたことの1つに感情労働としての側面がある。だがそうした研究はまだ端緒についたばかりで,十分に展開されてきたとは言い難い。

　本章はアイドルへの理解をより洗練させるために,「接触」場面を中心に感情労働という視点から分析をする。特に,感情労働研究一般にも不足していると指摘されていて,アイドル研究の先行研究でも十分に明らかにされてはこな

かった感情労働が要請されるメカニズムについて明らかにする。[1]

2 これまでの研究とその課題

　本節ではまず感情労働について説明し，国内の感情労働研究の現況を概観する。次にアイドルの感情労働について指摘した先行研究を取り上げ，それらが論じていない事柄を指摘することで本章の問いをさらに明確にする。

2.1　感情労働について

　感情労働とはA. R. ホックシールドが『管理される心』で中心的に論じた概念である（ホックシールド 2000）。私たちは日々暮らしている中で，場面に合わせた感情を持つことを期待する／されることがある。たとえば葬式に参列した人が始終楽しげな表情でいたら，周囲の人は怪訝な表情を向けるだろう。私たちは場面に応じてその都度，この場（葬式）ではしかじかの感情（悲しみ）を抱くべきである，という感情規則を使いながらコミュニケーションを行っている。こうした感情規則が商業的に利用される場で感情労働が生まれる。職務の遂行を円滑に行うために労働者に特定の感情規則が強いられるのである。たとえばそれはサービス業で「笑顔」が求められることなど，広い場面で行われている。

　ホックシールドはより具体的には感情労働を遂行するために「表層演技」と「深層演技」の2種類の演技が行われると指摘している。表層演技とは，労働者は自分が別の感情を抱いていることを自覚しながら望ましい感情表現を行うことである。他方で深層演技は，労働者自ら感情規則に合致した感情を生み出そうと努力することである。たとえば仕事を行う上でなるべく「楽しい」と思うようにしよう，といったように自身の感情そのものを操作しようとすることである。ホックシールドは，この2つの演技が労働者に強いられることでバーンアウト（燃え尽き症候群）などの問題が生じることを論じ，労働の現場で起こ

1　本章は 2019 年度に京都大学大学院人間・環境学研究科に提出した修士論文「アイドルにとって〈アイドル〉とは何か──ライブアイドルのアイドル活動」の一部を要約し，加筆修正したものである。

る困難について新たな視座を提示した。

2.2　感情労働研究について

　ホックシールドの『管理される心』が邦訳出版された2000年以降，日本で
も感情労働の研究が盛んに行われるようになった。国内の研究をレビューした
山本準と岡島典子は，その一定の蓄積から日本の感情労働研究が抱える問題点
を3つ指摘している。それは①感情労働概念の拡大および変異，②研究分野と
研究対象の著しい偏り，③感情労働肯定論，である（山本・岡島 2019: 240）。

　まず①についてだが，これは概念の変容自体が問題なのではなく，多くの研
究が感情労働に関する概念の規定と感情労働の弊害に焦点を絞っており「感情
労働を生み出す社会構造そのものへのアプローチを試みた研究」への視座が欠
けている点が問題視されている（山本・岡島 2019: 241）。②は感情労働研究が看
護師を中心とする医療・介護の現場に研究が偏っていることを指摘するもので
ある（これはアイドルの感情労働を考える時点で本章においては解消されていると考えられ
る）。③は感情労働を一概に悪者にするのでなく，そのポジティブな側面を取
り上げようとしている研究を指すが，こういった研究の次の指し手は，いかに
それぞれの労働者が上手く感情労働（感情管理）するか，というものになる。し
かしこうした研究群においては，感情労働を生み出す仕組みが温存され，やは
り①の指摘と同様の欠点を持つことになる。以下ではこれらの点にも留意しな
がら議論を進めていこう。

2.3　アイドルの感情労働に関する研究

　アイドルの感情労働はすでに指摘自体はされている。坂倉昇平がAKB48の
労働を論じる中で指摘しており，さらに竹田恵子がライブアイドル（ライブハウ
スなどでのライブ活動を中心に活動するアイドル）の労働で感情労働を指摘している
（坂倉 2014; 竹田 2017）。両者ともにアイドルの過酷な労働を問題視し，その実態
を明らかにしている。

　坂倉はAKB48が握手会やSNS上でのコミュニケーションで「キャラクター
を演じ続けること」に感情労働を見ている（坂倉 2014: 59）。他方で竹田は，感
情労働の弊害というよりそれが低賃金で行われていることを問題視しており，

その要因をケア労働の特徴に見て取っている（竹田 2017）。だが両者ともにアイドルが感情労働をしているのだという指摘に留まっており，それぞれのアイドルが行う感情労働実践を一枚岩のものとしている。両者の研究からは，アイドルとして活動することが等しく感情労働を要請し，アイドルたちは不可避に過酷な状況に追いやられているという結論が導かれかねない。だがそれはアイドルたちを H. ガーフィンケルが言うような「文化的な判断力喪失者」と見なすことになってしまう（ガーフィンケル 1995）。「文化的な判断力喪失者」とは社会の成員たちを「いったん内面化してしまった規範には抵抗を感じずにしたがってしまう」かのように見なすことで「社会の成員本人はもはやあれこれ考えることができず，それゆえ〔規範を〕変更することもでき」なくなってしまうことを指す（前田ほか編 2007: 77）。坂倉と竹田はともにアイドルの実践に感情労働を見出すことで労働環境の問題化には貢献している。だがそうすることで翻ってアイドルたちをその構造に盲従する存在として扱ってしまっているのである。

　本章では坂倉や竹田が指摘したアイドルの感情労働について，実際にアイドルがどのような実践を行っているのかという視点から分析していく。そうすることでいかにしてこの感情労働が当人たちに要請されていくか（感情労働を生み出す仕組み）が理解できるようになるだろう。さらに論を先取りして言えば，そのような状況下での当人たちの実践を見ていくことで感情労働の悪循環に陥らずにいられるような示唆も得られるだろう。

❸ 「個別」と「平等」を結ぶアイドルの「夢」

3.1　本章で用いるデータについて

　本章では以下のデータを用いる。1つは地下アイドル[2]として活動していた姫

2　ここで蔑称とも取られかねない「地下アイドル」という名称を使ったのは姫乃自身が自称として使っていたからである。「地下アイドル」は概ねライブアイドルと同義だが，その定義は当事者たちからも繰り返し問われており，定まった定義があるわけではないように思われる。また香月孝史が整理を試みたように「アイドル」というカテゴリー自体が曖昧な使われ方をされがちである（香月 2014）ことをふまえると，「（地下）アイドル」というカテゴリーが人々によってどのように使われるかというのは，それ自体別のトピックとして

乃たまの著作から姫乃が自身の活動について記した部分（姫乃 2015, 2017），もう 1 つは現在でんぱ組.inc のメンバーとして活動している鹿目凛が以前別のグループ「ベースボールガールズ（2016年ベボガ！（虹のコンキスタドール黄組）に改名）」に所属していたときに「ぺろりん先生」という名義で出版した著作（ぺろりん先生 2016, 2017a, 2017b）である。鹿目が様々なアイドルにインタビューを行っている部分を取り上げる[3]。これに加えて筆者が2017年から2019年にかけて行ったインタビューもデータとして活用する。本章で用いるのはそのうち3名の語りである。調査協力者はいずれも女性で，過去にアイドルとして活動したことがあり，インタビューでは活動のきっかけや活動時に心がけていたことなどについて主に話してもらった[4]。

3.2　アイドルの感情労働実践：自分の感情への働きかけ

まずアイドルの実践のなかに感情労働と見なせるものがあることを確認しよう。姫乃は明確に「接触」場面に限った話をしているわけではないが，アイドルの実践全体にわたる感情労働について明瞭に記している。

姫乃は「私は，アイドルに対してこだわりがなかったので，ファンの期待に応えられればいいやと思って」いたという。だがこの考えは「『地下アイドルでいることは自分の趣味嗜好や想いを殺すこと』という思い込み」へと転化してしまい，「結局，ファンの期待に応えるといっても，何をどうしたらいいかわからないので，周囲の地下アイドルと同じようなコスプレっぽい衣装を着て，さして興味のない流行りのアニメソングを歌っ」たりするようになったという（姫乃 2017: 251）。こうした活動を続け，姫乃は次のような状況に陥っていく。

　　それでいいと思っていたのに，なんだかそれは，ずっと自分に嘘をつき続けてい

探究されるべき事柄だろう。
3　アイドルの所属グループは鹿目の著作の記述に従った。
4　調査協力者の中には学生もおり，また給料の支払いがあったかどうかを覚えていない者もいた。アイドルの感情労働に関して，賃金の支払いの有無は興味深い論点でもあるが，今回は紙幅の都合上扱うことはなく，賃金の支払いにかかわらず感情労働と見なせるような実践があったかどうかに着目した。

るような感覚でした。だから，どれだけ応援されても，私ではない女の子が応援されているように感じていたのです。(姫乃 2017: 253)

　姫乃の事例はホックシールドが感情労働に伴うリスクとして挙げたうちの「自分を非難する可能性のあるケース」(ホックシールド 2000: 214)に主に該当するだろう。ファンの期待に応えるため表層演技を過剰に行って自己嫌悪に陥ってしまい，さらにそうした演技によって応援される自己を「私ではない女の子」であるように感じて，心身にダメージを負ってしまった。これはアイドルの感情労働が当人に深刻な影響を及ぼしうることを示している(その後姫乃は実際にアイドルを一度辞めている)。

　鹿目の著作からもアイドルが感情労働を行っていることを示唆する発言が見て取れる。まねきケチャの宮内凛は鹿目から「接触の際に工夫していることとかあったら教えてください」と言われ，「私は，とりあえずテンションをあげる，っていうことを心がけてます。(中略)テンションあげた方がファンの人もうれしいかなって思って」と述べている(ぺろりん先生 2017a: 53)。ファンと接するにあたって自らの感情そのものを操作しようとする点は，まさにホックシールドが深層演技で指摘していたことと重なる。

　またこのような振る舞いは，筆者が行ったインタビューでも見られた。Aさんはアイドルがファンの前で頑張らなくてはいけないことについて次のように語っていた。

　　A：　どれだけしんどくても，普通にそれが物理的に何かどっか痛いとか体調悪かったりしても，やっぱアイドルは，なんだろ，言ったら夢を売ってるみたいな。アイドルっていうそこに偶像があって，それをみんなが見に来てるわけだから。(中略)そこはちゃんとしなきゃいけないって思うし，それは確かにしんどいなって思う時もあるけど，(中略)私，逆にモチベにつなげてました。なんか，つらくても，笑顔で。つらかったらつらいだけ余計に笑顔で頑張んなきゃって思うか，逆にモチベ上げてこう！　みたいな(笑)。って感じでやってました。

　Aさんは別の箇所では「ステージで歌って踊ってると，なんか今自分は輝い

てるんだなって，自分で思えるし。そんな自分が好きだなって思えるし」と語っており，状況を決して否定的に捉えているわけではないが，こうしたあり方は深層演技の例として十分に当てはまるだろう。

　このようにアイドルの実践には感情労働と見なせるような振る舞いが見て取れる。ここで重要なのはこのことの是非をすぐさま議論することではなく，そうした振る舞いそれ自体がどのように行われているかの探求である。ではこうした振る舞いを生み出しているアイドルの実践にはどのような特徴があるか，次で見ていこう。

3.3　個別の対応

　アイドルは「接触」においてまず「認知する」という努力をしている。「認知」とはアイドルに関わる人たちの間で使われている用語で，ファンの顔と名前をアイドルが覚えることを指している。アイドルから「認知される」ことを重視するファンは多いため，アイドルの側も積極的に「認知する」ことでファンをより獲得しやすくしている。鹿目のインタビューにおいてもたとえばGEMの金澤有希が自分のファンの顔と名前を覚えるために「自分推しの人を書いたリストみたいなのを作るようにして」いたと語っている（ぺろりん先生2017b: 60）。こうした心掛けは言い換えると「1人ひとりに個別の対応をする」ということになる。PASSPO☆の根岸愛は鹿目から「握手会などで心掛けていること」を聞かれてまさにそのように答えている。

　　根岸：　私が心掛けていることとしては，その人それぞれに合った対応をちゃんとする，ということですね。全員に同じことを話しても，ファンの方はつまらないと思うので。（ぺろりん先生 2016: 30）

　「接触」に来たファンのことを「認知する」という努力もこの一環として捉えることができる。アイドルの「接触」という実践の特徴の1つとして「個別の対応」というのがあると言えるだろう。

3.4　平等性の維持

他方で，こうした実践とは性質が異なるものがある。PassCodeの南菜生が鹿目から「ファンと関わるうえで大切にしていること，意識していること」を聞かれて次のように答えている。

　南：　距離感を大事にしてます。（中略）「この人と自分の対応違くない？」って絶対思わせないように意識しています。（中略）男女や年齢問わず，みんな同じくらいの距離感でできたらいいなって思ってますね。（ぺろりん先生 2017b: 21）

ここではファンに対して「同じくらいの距離感」を保つように心掛けていることが語られている。同様の語りは寺嶋由芙の語りにも見られた。

　寺嶋：　人によって話す内容は変わりますね。けど，距離感的な部分は変えないようにしています。握手会とかで私が握手している様子を，並んでるヲタクも見るじゃないですか。（中略）「誰に見られてもいいように」じゃないけど，それを見て「参加したい」と思ってくれる人がもしかしたらいるかもしれない，と意識しながら接しています。（ぺろりん先生 2016: 61）

2人はともに「距離感」という言葉を使いながら，対応に差をつけないことを語っている。両者ともに目の前のファンだけでなく，別のファンがどう思うかを意識している。この「平等性の維持」というのもアイドルの実践の特徴の1つとして位置づけられるだろう。

アイドルは「個別の対応」において目の前のファンに嫌な思いをさせないために，1人ひとりのファンに合った接し方が求められていた。だがその手前には相手によって対応に差をつけない「平等性の維持」が求められている。この「平等性の維持」のもとで「個別の対応」としての感情労働が行われているのである。ではこの2つの実践を生み出している源泉には何があるのだろうか。

3.5　「夢」を壊さない

これを考える上でのヒントは，先ほどのAさんの語りで見られていた言葉，

すなわちアイドル当人が「夢」という言葉を使って語ることにあると思われる。「夢」については，Ｂさんも次のように語っている。

　　Ｂ：　やっぱり夢がないと，というのは，うん。（中略）ちゃんとアイドルはアイドルとして。うん，そうですね。一応夢は壊さない（笑）

　Ａさんも B さんも「アイドル」というカテゴリーに「夢」という言葉を結びつけている。この「夢」はアイドルがファンに与える（売る）ものであり，それを「壊さない」ようにしている。この「夢」を起点に考えると，先の 2 つの実践は次のように考えられる。「夢」を見せなきゃいけないから，ファン 1 人ひとりの期待に応えようとするし，ファン全体からの期待にも応えようとするのである。「夢」こそが「個別の対応」を求めつつ「平等性の維持」を求めるような感情規則となっているのである。ファンの期待するアイドルの姿（夢）を表現する，というのがアイドルの感情労働の姿である。

3.6　「夢」の可塑性

　最後に，前節で見出されたアイドルが実践する「夢」について 1 点付け加えておく。それは，「夢」には可塑性がありえるという点である。これが示唆されたＣさんへのインタビューを引用しよう。Ｃさんは「アイドルらしい振る舞い」について以下のように語っている。

　　Ｃ：　アイドルをやってる以上，アイドルっぽく振る舞わなきゃいけないじゃないですか。
　　筆者：　そうですね。
　　Ｃ：　そう。それの着地点が，こう，アイドルっぽく振る舞うことじゃなくて，お客さんとめっちゃコミュニケーションとるみたいな。（中略）別にアイドルだからって可愛く見せなくても，お客さんが，喜んでくれればいいじゃないですか。（中略）だから別にアイドルっぽく振る舞わないけど，（中略）対面したらゼロ距離で話すみたいな。なんかこう「えーありがとー。なんかー」みたいな。「え，それかっこいいね」みたいな感じじゃなくて，「え！　それキモ」みたいな。

筆者：　（笑）

C：　「うはは」みたいな。ゼロ距離に行くことで，うん。

筆者：　なるほど。

C：　そう。それなら自分もぶれないし。

　Cさんはアイドルらしく振る舞う必要があることは認めつつ，その「着地点」として「お客さんとめっちゃコミュニケーションとる」という戦略を見出していた。Cさんは「お客さんが喜んでくれれば，いいじゃないですか」と語り，実際に「アイドルが好きなんだけど，（中略）アイドルのなかでも，可愛いだけじゃない」という「ツボ」を持っている客が自分を応援してくれていたと語っている。

　Cさんが行っていたのは，ファンの期待に応える最中で自分なりの戦略（「着地点」）を見つけるということである。ここにはアイドルに期待される「夢」を自分なりに書き換えて実現させる姿が見出せる。そうすることでCさんは自身の感情を無理に操作させることなく，ファンと接することができていた。鹿目の著作でも「自然体」や「正直」といった言葉を用いながら似たような戦略でファンと接していると語るアイドルがおり（ぺろりん先生 2017a: 53, 2017b: 21），このようにファンが期待するアイドルの姿（「夢」）は，必ずしも定まったものではなく，アイドル自身の手によって書き換えが可能な可塑的なものである可能性がある。そうであれば，アイドルの感情労働で要請される感情規則は，この可塑性を利用することでアイドル自身によって当人の望む形に変えることができるものなのかもしれない。それは感情労働の過酷さから当人を守る1つの指し手となる可能性がある。

4　おわりに

　本章はアイドルの感情労働について，それが当人たちに要請される仕組みはいかなるものかを探求してきた。アイドルは「接触」の場面において，ファンの期待する姿（夢）を実現するために個別の対応と平等性の維持という2つの実践を行う中で感情労働へと導かれていることが明らかとなった。さらに本章

ではこの「夢」がアイドル自身の手によって書き換えられることにより，感情労働の隘路から抜け出す契機が生まれている可能性を指摘した。

　最後に本章で得られた示唆から今後どのような探求がありうるかを記しておこう。まず最後に指摘した「夢」の可塑性であるが，これがどのようにして書き換え可能なものになっているのかについては詳細な検討が求められる。また本章はアイドルの「ライブ」場面など取り上げていない側面も多々あるが，アイドルの実践をより広い視点から捉えるためには「接触」場面以外の検討は欠かせないだろう。「接触」場面に限っても，本章が着目した感情労働以外の側面（たとえば竹田が指摘しているケア労働の側面など）から分析する余地は十二分にある。最後に，アイドルの「現場」はアイドルだけで成り立っているわけではないことも忘れてはならない。ファンやスタッフといった他の当事者の実践について解明することは，アイドルという「現場」を総合的に理解する上で欠かすことができないだろう。いずれにせよ個々の場面の解明を通じてアイドル研究を進めていくことが今後も重要である。

　本章は限られたデータを用いて1つのモデルを提示したに過ぎないが，今後このモデルがさらにより良い記述へと洗練されることを願っている。

参考文献

ガーフィンケル，1995，北澤裕・西阪仰訳「日常活動の基盤──当り前を見る」『日常性の解剖学──知と会話』マルジュ社，31-92.

姫乃たま，2015，『潜行──地下アイドルの人に言えない生活』サイゾー.

姫乃たま，2017，『職業としての地下アイドル』朝日新聞出版.

ホックシールド，2000，石川准・室伏亜希訳『管理される心──感情が商品になるとき』世界思想社.

香月孝史，2014，『「アイドル」の読み方──混乱する「語り」を問う』青弓社.

前田泰樹・水川喜文・岡田光弘編，2007，『ワードマップ エスノメソドロジー──人びとの実践から学ぶ』新曜社.

ぺろりん先生，2016，『アイドルとヲタク大研究読本』カンゼン.

ぺろりん先生，2017a，『アイドルとヲタク大研究読本──イエッタイガー』カンゼン.

ぺろりん先生，2017b，『アイドルとヲタク大研究読本──#拡散希望』カンゼン.

坂倉昇平，2014，『AKB48とブラック企業』イースト・プレス.

竹田恵子，2017，「ライブアイドル，共同体，ファン文化──アイドルの労働とファン・コミュニティ」田中東子・山本敦久・安藤丈将編『出来事から学ぶカルチュラル・スタディーズ』ナカニシヤ出版，117-133.

山本準・岡島典子，2019，「我が国における感情労働研究と課題——CiNii登録文献の分析をもとに」『鳴門教育大学研究紀要』34: 237-251.

自分の環境をもとに研究活動をデザインすること

石井 純哉

　研究をしていく上で自身の環境を把握しておくことは，特にリソースが限られる学生などの立場の者にとっては重要である。このコラムではアイドル研究で修士論文を書いた私が，自分の環境がどのように研究に活きていったかを記す。たった1つの事例であるし，お手本と言えるほど立派な研究生活だとは言えないが，読む人が自分の研究環境を改めて省みる1つのきっかけになれればと思う。

　アイドル研究者にとってはよくあることかもしれないが，私のいた研究室でアイドル研究をしている者は他にいなかった。だから研究における当該分野の知識（アイドル業界やアイドル研究に関する知識）は自分に依存していた。自分の限られた視点に対する不安が常にあった。

　他方で，研究室でのコミュニケーションは間違いなく私の研究に大きな影響を及ぼした。研究対象が皆バラバラだからこそ，ゼミでの議論は，個々の分野の文脈からではなく，必然的に社会学の研究としてどうかという観点でなされた。そのため，私の研究にもその視点が活かされた。研究を，「アイドル」の研究に自閉することなく，社会学の諸領域・理論に対して開かれた研究へと向かわせるような視点である。私は自分の研究をアイドル研究者以外の人が読んでも意味のあるものにしようと心がけた。

　だが上で書いた困難と対峙しなければいけないことに変わりはない。そこで私は修士2年のときに学会でアイドル研究に関する発表があればできるだけ行くようにして，アイドル研究をしている研究者の方々と話す機会を得るようにした。初めて参加したのはカルチュラル・スタディーズ学会の大会「カルチュラル・タイフーン」だった。その後も日本社会学理論学会や日本社会学会などの大会に参加し，アイドル研究の最新の報告を聴く機会を得ることができた。研究の動向を肌感覚で知れたし，そこで自分の知識や情報不足に気づくことができた。前述の不安を軽減さ

せてくれたのだ。さらに発表を聴くだけでも研究のモチベーションとなっていた。

　また，個人的な変化だが，そうした場に行ったことで先行研究に対する考え方も変わった。これまでは先行研究を単に乗り越えなければいけない相手として見ていたが，発表を聴いていると，研究者には，書きたいけど（まだ）十分に書けていないようなトピックがたくさんあるということに気づいた。研究者が1本の論文で表現できていることは，その人の問題関心の一部に過ぎないことが多い。先行研究を読む上で重要なのは，ただ字面として書かれたものを追うだけではなく，その論文で著者が試みていることや，著者が向き合っている問題関心は何かということを考えながら読むことだと気づいた。私は先行研究を対戦相手のように見ていた視点を変え，先行研究の関心をどうやって自分の研究に活かしていくかという視点で先行研究と向き合うようになった。こうした視点の転換は学会に出てみて初めて気づくことができたものだ。

　研究は自分の置かれた環境・そこにある資源を活用しながら行われる。特に修士課程の大学院生などは，自分の研究室に引きこもってしまうこともあると思う。だが，自分の置かれた環境を一度反省的に捉え，そこで何が可能になり何が困難になるのかを考えながら自身の研究活動をデザインしていくことで，研究はより実り豊かなものになると思う。このコラムや私の研究も今後のアイドル研究の豊穣化に少しでも貢献できれば幸いである。

アイドルのジェンダー／セクシュアリティ

異性愛規範と「恋愛禁止」はいかに問い直されるか

香月 孝史

1 はじめに

1.1 詞に託される価値観

ここではまず，女性アイドルのプロデュースを長年務めてきた人物のインタビューを引用する。アイドルの歌詞やファン層について，作り手の立場から概観するその語りのうちに，いかなる価値観が埋め込まれているのかを確認することから始めたい。

> 僕の歌詞の中の主人公達は『モーニングコーヒー』のときから，すでに恋が出来る主人公でした。"元気に頑張るぞ"とか"恋愛よりも仕事だ"とか"夢が叶うまで"みたいなことだけでは，成立させていない。そんなこと有り得ないと思ってますので。世間の女の子達の大半はやっぱり，ご飯よりもスイーツよりも彼氏っていう，そういう順番なんですよ。僕の主人公は，時に凄いピュアな恋をするから，ファンは動揺するかもしれない。ただ美しいだけの恋はない。彼氏がいたり好きな人が出来て，優位であったり劣勢であったり色んな立場の子がいて，騙されもする，泣きもする。時には友情を語ったりもするっていうことをずっとやっている感じです。
> （『モーニング娘。20周年オフィシャルブック』）

これはハロー！プロジェクトの総合プロデュースを手がけてきたつんく♂

59

が，アイドルグループ・モーニング娘。の足跡を振り返って語った，2018年のインタビューの一節である。一見すると，楽曲制作やプロデュースを行う者の視点からグループの中心的なテーマを述べた，クリエイターの証言といえる。ただし同時に，この語りの中で表明されているのは，"世間の女の子達"の主たる関心が恋愛（異性愛）であるという，楽曲制作者自身の認識である。つんく♂は，若い女性が中心的に価値を置く対象が恋愛であると位置づけた上で，それを女性アイドルに提供する詞のモチーフへと結びつけている。

1.2　仕分けられるファンの属性

　上記の引用と同じインタビューテキストの中で，後年のモーニング娘。に女性ファンが増加してきたとされることについて問われ，つんく♂は以下のように答える。

　　ファンは常に意識はしていますよ。ただ女性ファンが増えたことに，一瞬いいなとも考えることも出来るんですけど，逆の意味で危機感は持っておかないとダメですね。単に入り込める隙間が出来ちゃったわけでもあります。最終的には，熱狂的なオタク男子がいなくなったら終わり。彼らのためだけに作っていたわけじゃないけど，彼らの感受性は鋭いですよ。普段からちょっとモテる奴は，生身の普通の女の子となんらかの形で接するわけです。でもオタクは，よりかわいい，より清潔，より優しい，より面白いをアイドルに求めてずーっと見ているんですよ。（前掲『モーニング娘。20周年オフィシャルブック』）

　グループをプロデュースする立場から顧客層について論じている一節だが，ここにはアイドルのファン層を属性によって分類し，それぞれに異なる性質を見出そうとする発想がうかがえる。

　上記の引用部では，受け手の属性に基づいた区別が2パターン行われている。すなわち，「男性」「女性」という性別による分類，そしてもうひとつは彼が「ちょっとモテる奴」「オタク男子」と表現する男性ファンの分類である。ここで語り手であるつんく♂は，男性のファン層のうち「オタク男子」に感受性の優越を見出し，その対比項となる「ちょっとモテる奴」との差異を，女性

とのコミュニケーションの多寡に求めている。

　またその一方で，女性ファンは「隙間」に「入り込」むような存在として設定され，受容層のなかでいわば周縁的な人々であるかのように語られる。この語りのうちには，性別の如何によって，受け手の性質や立ち位置を決定するような視線を見出すことができる。

　そもそも，女性の受け手が女性の演者を「推す」ことに関して，特殊なことであるかのように捉える視線は今日なお少なくない。中村香住はそうした状況が生まれる背景について，①推すという感情が恋愛感情と緊密に結びつくものとされ，推しの性別＝恋愛対象の性別とされること，②その恋愛対象が異性であるとされることという，2段階の前提が社会に存在することを指摘している（中村 2020）。中村が指し示すのは，まさに女性であることによって受け手としての性質や位置づけが勝手に決められ，あまつさえ当人のセクシュアリティのありようにまでもステレオタイプがあてがわれてしまうことの困難である。同質の問題は，先の引用部のうちにもうかがえる。

2 受容者のステレオタイプ

2.1 女性が「女性である」ことによって貶められる

　ポピュラー文化の演者とその受容者に関して，ジェンダーに基づいた評価づけがなされるような事象を目の当たりにするとき，どのように問いを投げ，整理することができるだろうか。ここではまず，同じく日本のエンターテインメントにまつわる先行事例からみていきたい。

　澁谷知美は1990年代半ば〜2000年代半ば頃までの「お笑い」を対象に，女性芸人および女性客をめぐる言説に注目し，「女性であること」でいかなる眼差しを向けられるのかを観察している（澁谷 2007）。澁谷はまず，芸人やスタッフ，評論家等の語りのうちに，女性芸人を貶める評価がなされていることを指摘する。そして，それら女性芸人に対する否定的な評価の形態について，①女性芸人を「芸人」カテゴリーから排除するやり方，②女性芸人を「女性」カテゴリーから脱却させ「男性」カテゴリーに引き入れるやり方の2種類に整理している。このうち後者は，見かけ上は特定の女性芸人を褒める文脈でなされる

ことも多いが，その評価は実質的に，当該芸人の感性に男性性を見出すような
ものであり，女性であることそのものには否定的な評価が下される。

　他方，澁谷はお笑いコンテンツの制作スタッフらの言説を分析しながら，女
性客の語られ方についても整理する。そこから明らかになるのは，男性客が
「目の肥えた観覧者」とみなされて高く評価される一方，女性客は「笑いに甘
い」層としてみなされる傾向があるということだ。しかし，男性客と女性客に
対して対照的な評価がなされるそれらの語りのなかで，お笑いを受容する姿勢
に関する評価基準が必ずしも一律に定まっているわけではなく，いわば女性フ
ァンは「女性である」という事実によって貶められている。

　言説の分析を通じてポピュラー文化を捉えていくなかで，人々がその事象に
ついてどのように把握し，どのような社会意識が生産されているのかをつかむ
ことができる。澁谷によるお笑いをめぐる言説の分析は，エンターテインメン
ト文化の発信者と受容者いずれに対しても，ジェンダーステレオタイプが評価
づけに大きく関与する例として示唆に富む。身近なエンターテインメントをあ
らためてこうした観点から問い返すことで，その分野全体に浸透している価値
観や構造を洗い出すことができるのだ。

2.2　異性愛的な訴求性の強調

　先のお笑いの事例からは，男性の受け手の鑑賞眼こそを信頼し，女性の受け
手を周縁に置くような視線が生み出されているさまがうかがえた。このような
視線は，第1節でみたつんく♂によるアイドルファン層についての語りを想起
させる。

　それでは，アイドルというジャンルにおいて，そうした価値判断に根ざした
視線はどのように生成されるのか。本章では，主に女性アイドルシーンが活況
をみせた2010年代前後における，女性アイドルに関する言説をみていくこと
で，アイドルをめぐる認識のありようの一端を浮かび上がらせ，それらがいか
にこのジャンル内に固有の規範のようなものを温存させているのかを示した
い。

　もちろん他方で，男性アイドルもまたそのような規範や眼差しと無縁ではな
いはずだが，女性アイドルと男性アイドルでは双方のシーンで醸成されてきた

慣習等が異なるために，それぞれ別個の検討が必要である。また本章後半でも
ふれるように，ことに女性アイドルはしばしばプライベート領域が「スキャン
ダル」化され，実質的にペナルティが課せられるような風潮が常態化してもい
る。そこには当ジャンルが抱える困難が如実にうかがえることもあり，本章で
は女性アイドルに焦点を当てる（女性アイドルと男性アイドルとで，プライベート領域
に関してあてがわれる行動規範や向けられる眼差しに差異がみられるとすれば，それ自体もま
た問われるべき不均衡である）。

　ここではまず，アイドルコンテンツの送り手やアイドル関連の発信を日々行
うマスメディア，またアイドルという文化を継続的に捉えてきた論者の語りを
対象とし，ジャンル内でどのような価値観が共有されているのかを中心的に捉
えていく。

　第1節で二度引用したつんく♂インタビューのうち，前者の引用部は楽曲の
歌詞としてアウトプットされる，いわばフィクショナルな表現の水準におけ
る，異性愛的な主題の重視を語ったものであった。ただしまた，そうした異性
愛的な枠組みを前提とする感覚は後者の引用部，すなわちフィクションを前提
とする個別作品のレベルではない，現実のアイドルという存在そのものについ
て語られる際にも適用されている。そこでは「ちょっとモテる奴」ではない
「オタク男子」の鑑賞眼にこそ重きが置かれ，異性との関わり方を基準にして
受容層が位置づけられていた。

　そうした異性愛的な訴求性と，アイドルの職業的性格とを強く関連づける価
値観は，アイドルコンテンツに深く関わる人々の語りにおいてしばしば，半ば
自明のものとして論じられてきた。中森明夫は「アイドルになる」ための入門
を企図した書籍のなかで，「アイドルのファンには，孤独な男性がたくさんい
る。恋人がいない。友達がいない。今まで恋愛経験がまったくない。そりゃ，
さみしいよね。そうして，こう考える。この世にたった一人でいい。自分のた
めに，自分の目の前で，本物の笑顔を見せてくれる女の子がいたら……。その
女の子のためなら，何だってできる。それがアイドルとファンの関係なんだ。
きみは本物の笑顔を見せなければならない。アイドルになるために。それが，
きみの……仕事なんだ」(中森 2017: 52-53) と説く。ここでは，長年アイドルを
論じてきた著名な評論家によって，恋愛経験の欠如からくる男性の孤独を埋め

るための職能としてアイドルが位置づけられ，そうした価値観に順応することがアイドルの「仕事」であるかのように説明され，アイドル志望の若年層に向けた心得として教授されている。ここで説かれているアイドルについての認識は，アイドルという存在に関する世間的なステレオタイプともいくらか合致するものだろう。

❸ 「恋愛禁止」はいかに温存されるか

3.1　私生活を規制することの正当化

　この論点にまつわる言説をさらに追うなかで見えてくるのは，このような異性愛に基づく価値づけが，アイドルというジャンル内に特有の規範のようなものを呼び込み，温存してきたということだ。それが「恋愛禁止」という言葉で表現される風潮である。

　前掲の入門書で中森は「ファンの多くは，アイドルを擬似恋愛の対象として見る。だからCDをたくさん買ったり，サイン会や握手会へかけつけたりして，お金を支払う。そういうビジネスだ」と論じて「恋愛禁止」にふれ，「恋愛を取るか，アイドルを取るか？　確実に選択をせまられる」「恋人と撮った写真は，きみがアイドルになったら，必ず流出する。プリクラのラブラブ2ショットなんて，拡散されたら困るでしょ？　絶対に撮っちゃダメだ。もし，きみが本気でアイドルとしてブレークしたいんなら。これからは，いつ誰に見られてもいい写真しか，きみは撮ってはいけない。いいね？」とアイドル志望者に向けて説く（中森 2017: 143-144）。

　ここでは，アイドルが異性愛的な眼差しによって成り立つ存在として規定された上で，そのこととアイドル当人のプライベートな領域に規制をかけようとする発想とが疑いなく接続され，私生活における「恋愛」とアイドルという職業とが二律背反であるかのように説明される。

　こうした「恋愛」の規制を是とする価値観の表明はコンテンツの送り手，すなわちアイドルグループを運営する立場のスタッフによっても繰り返されてきた。AKB48が社会に広く認知され，女性グループアイドルシーンが隆盛を迎えつつあった2010年代初め頃，アイドルグループのプロデュースやマネジメ

ントに携わる門澤清太，川上アキラ，樋口竜雄による鼎談の中では以下のような認識が提示されている。

　　門澤　神聖な部分を大事にするというアイドルのファン心理がありますからね。だから僕はメンバーにも「恋愛は絶対にダメ」と言ってます。でもたまに，「恋愛はダメでも恋は…」みたいなことを言うアイドルがいるけど，正直感心しない。好きな男でもおるんか，みたいな（笑）。
　　樋口　ルールを破ってみたくなる年ごろなんでしょうけど。
　　川上　それも分かりますけどね。でも，うちも同じで恋愛禁止です。
　　門澤　何かを代償に得ていることを忘れちゃいけない。与えられた位置が当然だと思ってきちゃうと「私も人間だから」とか「普通の女の子だから」とか言うけど，夢を与える側というのは常に意識してもらわないと。
　　（『日経エンタテインメント！』2012年1月号）

　当時，それぞれにアイドリング!!!，ももいろクローバーZ，SUPER☆GiRLSといった，アイドルシーンの中で高い知名度を獲得していたグループの運営に携わるこの三者の鼎談において，アイドルが「恋愛をしない」ことはほとんど共通の理解として語られる。そこでは，“人間”であり“普通の女の子”であること（によって本来享受できるはずの事柄）が，「代償」という言葉によって留保され，同時に「夢を与える」立場であるというレトリックをもって，プライベートへの規制が正当化されていく。
　加えて，アイドルを日常的に扱うマスメディアにも，同様の認識は踏襲される。2020年，乃木坂46のメンバーであった白石麻衣がグループからの卒業を発表した際，長らく同グループの動向を伝え続けてきたメディアは，白石が「ノースキャンダル」であることをもって，「同期や後輩たちの見習うべきかがみとして，グループ全体に好影響を与え続けた」（『日刊スポーツ』デジタル版，2020年1月7日）と称賛する。同記事では，「アイドルとしての高いプロ意識から，テレビ番組でも収録以外で共演者と絡むことはほとんどなかった。徹底していた」「若手メンバーにスキャンダルがほとんどないのも，白石たち1期生のプロ意識の高さを間近で見ているからだろう」（前掲『日刊スポーツ』）と白石

が評され，プライベートの交際を抑制することが，「プロ意識」なる言葉へと接続される。ここでは，私生活に規制をかけることの是非はもはや忘却され，「恋愛禁止」に従順であるようにみえるか否かが，この職業への姿勢をはかる基準のように扱われている。

　また，女性アイドルに関するこうした語りにおいて「スキャンダル」視されているのは，実質的には男性との関わりに限られる。つまり，これらの言説が想定する「恋愛」とは，男性（異性）との交際であることもわかる。いわば，異性愛こそを禁忌のように扱うこれらの振る舞いによって，恋愛・性愛において異性愛こそが標準であるかのような価値観が温存されていることも浮かび上がる。

　プライベートの領域における異性との交際が抑制される風潮は，アイドルが異性愛と緊密に結びついた存在として説明されることで生じてくる。そしてまた，その風潮が常態化していくなかで，「恋愛」をしないことが職業的な規範のように受け止められ，「プロ意識」とされる。同時に，他者との交際という個人の日常生活の範疇にあるはずのものが「スキャンダル」と目されて，スティグマ化されてゆく。アイドルコンテンツの送り手やそれを報じるマスメディア，またジャンルを評論する著述家ら，アイドルをとりまく複数の立場からの発信によって，そうした価値観は共有され，ジャンル内の常識であるかのように定着している様子がうかがえる。

3.2　曖昧な規範

　とはいえ，アイドル当人の生や人格を縛るような「規範」がはらむ問題性もまた，たびたび指摘されてきた。たとえば以下にみる例のように，アイドルコンテンツの送り手に対して，直接的に疑念の言葉が突きつけられるような場において，「恋愛禁止」という風潮のもつ性質は強く浮き彫りになる。

　AKB48グループや坂道シリーズ等，多数のアイドルグループのプロデューサーである秋元康が2013年にラジオ番組に出演した際，番組パーソナリティーの宇多丸からはAKB48メンバーの「恋愛」報道をめぐる騒動や当該メンバーへの処置に関連して，「恋愛禁止」という慣習が繰り返されることへの疑念が投げかけられている。このとき，秋元が示したのは，グループの実質的な状

況とは裏腹に，恋愛禁止がAKB48のルール「ではない」という見解だった。秋元は，「僕は，恋愛禁止っていうのは，ひとつのネタとしては歌にしたり，ネタとしては『そうだよな，うちは恋愛禁止条例だからな』って言ったりしてるけれど（略），決して恋愛が禁止なんではなくて」と切り出しながら，宇多丸の問いに次のように答える。

　　秋元　たとえば，一番ファンの皆さんがおっしゃるのは，なんでペナルティが違うんだと。
　　宇多丸　ルールが違うじゃないかっていうのは聞きますね。
　　秋元　そうそう，一貫してない，と。それは，ルールがないからなんだよね。
　　宇多丸　そんなものは，本当はないから。
　　秋元　うん。ルールがないし，ペナルティの規則もないから。
　（TBSラジオ『ライムスター宇多丸のウィークエンド・シャッフル』2013年2月23日放送回）

　ここで秋元は，「恋愛」をめぐるルールもペナルティも，自らのプロデュースするグループには存在していないと明言する。しかし，「恋愛」報道がなされたAKB48メンバーに対して，実質的にペナルティが生じていることを問われての応答であることを考えれば，この弁明はいかにも据わりが悪い。その点に関して秋元は，「メンバーが，どうしたら今まで応援してくださったファンが許してくれるだろうかということを考えるのだと思う」と返答している。つまり秋元は，「恋愛禁止」は運営側が定めたルールや自らの価値観の反映ではなく，ファンが求める行動規範とそれに対するメンバー個々の判断に依存するものとの見解を表明している。

　こうした回答からうかがえるのは，「恋愛禁止」と称される規制が，当事者たちの中できわめて曖昧に運用されているということだ。曖昧であるがゆえに，傍から見れば明らかに当該メンバーへの「制裁」であるような処置について，誰の意思で誰によって遂行されているのかが定かでなく，プロデューサーの立場にいる者の口からさえ，その責任を回避するような言葉が紡がれる。

　同番組内で，宇多丸は自身が若年期から見てきたアイドルシーンの慣習を前提にしつつ，「恋愛禁止とかそういうアイドルのあり方っていう，1980年代半

ばからのレギュレーションが2013年に残っちゃってるのがまずちょっと不自然」と疑念を呈している。つまり，「恋愛禁止」はそもそも，2010年代以降のグループアイドルシーン活況よりずっと以前から，芸能界に存在する風潮として自明のものだった。その古くからの風潮が省みられることのないまま参照され，曖昧に強制力をもちながら，規範として適用され続けていることになる。

　AKB48をはじめ毀誉褒貶の激しいアイドルシーンについて俯瞰的に考察したさやわかは，このように責任の所在が宙吊りにされるファジーさを念頭に，「恋愛を禁止する『厳格な』ルールは人権侵害だという批判をしても，やや的外れだと言っていい」「ただ，問題はここからで，『恋愛禁止というルールが厳格なものだとメンバーに思い込ませる体制はおかしいのではないか』という批判ならあり得るということになる」（さやわか 2015: 77）と論じる。ここで指摘されているのは，まさに「恋愛禁止」なるものの曖昧さ（「厳格」でなさ）ゆえにアイドル運営やマスメディア，そしてアイドル当人までもがその規範を内面化し，ときに進んで自罰的な振る舞いをみせるような，特異な空気のありようである。

４ 問い直しの時代へ

4.1　異性愛に還元されない視点

　さやわかはまた，AKB48に代表されるアイドルの商法に対する批判的な言説を分析するなかで，それらの言説が「メンバーに対して恋心に近い感情を抱いている男性」をアイドルファンとして設定していると指摘し，そうした一面的なアイドルファン像に対して反駁する。そして，しばしばセックスアピールに還元した説明がなされるような，アイドル受容についての短絡的なイメージに対しては，「AKBはむしろそのセックスアピールを成り立たせるために行われる泥臭い努力こそが魅力になっているグループで，だからこそ今では多くの女性ファンが存在している」と論じる（さやわか 2015: 73）。

　あるいは，2010年代前半にAKB48グループについての議論を提示してきた宇野常寛もまた，「恋愛禁止」が強いられる現状の改善を提言するなかで，「そもそも，女性ファンも多くなってきた現在のAKB48において，男性ファンと

の疑似恋愛的要素を打ち出すのは全体的な市場のニーズともズレるように思います」（宇野 2013: 151）と述べ，異性愛を通じた訴求とアイドルとを強固に結びつける価値観に対して異議を唱える。

　一方では，アイドル当人たちのプライベート領域を規制するようなかねてからの慣習が，2010年代以降のアイドルコンテンツの送り手にも受け手にも内面化され，曖昧かつ強制力をもった規範として残存し続けている。しかし他方，女性アイドルシーンが活況を呈した時代状況のなかで，アイドルに対して抱かれてきたステレオタイプや慣例のいびつさを問い直し，そうした価値観への反駁や，アイドルの訴求力のありかを細やかに記述し，文化として位置づけようとする動きも生まれている。

4.2　アイドル自身による投げかけ

　ただしまた，性別を問わずファン層が拡大していることなどを拠り所にしてなされる「恋愛禁止」への疑義は，基本的に異性愛を前提とした価値観を踏襲した形での異議申し立てにとどまるものである。アイドルコンテンツの訴求力のあり方を単純化しない議論は重要な意義を持つが，演者とファンとが同性であるからといって恋愛感情を介した消費が否定されるわけでももちろんない。その意味で，これらの議論は「恋愛禁止」という慣習が抱える問題性への問い返しとしては，限定的な段階のものとはいえる。

　もとより，エンターテインメントにおいて，受け手が演者に抱く思慕のあり方は一様ではなく，それらを明確に腑分けして指し示すことは困難であるが，そもそもその思慕や愛着の正体が何であるかにかかわらず，演者のプライベートな領域に対する規制が疑いなく規範化され，アイドル自身への抑圧としてはたらくこと自体への問い直しこそが，より根本的な議論を提起するはずである。

　その点で注目すべきは，2010年代のグループアイドル活況を経てきた一番の当事者である，アイドル当人による発信である。AKB48が結成された2005年から2021年半ばまで同グループに所属し，著名メンバーの一人であった峯岸みなみは2020年，自身が連載するコラムのなかで，「『日本の男性は若い女の子が好き』『アイドルファンはいつだってアイドルに処女性を求めている』

そんな風に言われているのを見かけたことはありますが，全員がそうだというわけではないはずです」とステレオタイプな受容像を俯瞰するように記しつつ，アイドルの振る舞いを抑制するような空気に対して，次のように述べる。

　　AKB48の中には板野ともちん（※板野友美：引用者注）のように早い段階でガンガンに髪を染め，自分のキャラクターを確立して多くの支持を勝ち取ったメンバーがいるし，今は日本のアイドルでも自由なファッション，恋愛もオープン，公にタバコを吸っているアイドルも存在する時代。それがダメだという決まりはどこにもありません。（『かがみよかがみ』2020年9月30日）

　本章の前節では，2013年のラジオ番組での秋元の語りをふまえながら，アイドルのプライベートを縛る規範がきわめて曖昧に運用されていることを確認した。当該の番組で秋元が問いを向けられた際，まさに直接的なトピックになっていたのは，プライベートでの行動を「スキャンダル」として報じられた峯岸が極度に自罰的な行動をとり，そのさまがグループの公式コンテンツのなかで公開された事件であった。
　その峯岸が2020年に行った上記の整理は，アイドルシーンで当たり前に流通してきた規範自体が，絶対視されなくなりつつあることを告げるものだ。さらに峯岸は，他ならぬ己がとらわれていたアイドルシーンの規範について，その内面化のありようを言葉にしていく。

　　これは最近気づいたことなのですが，意外にも，アイドルである私達自身の中に"アイドルとはこうあるべき"という概念が刷り込まれているのかもしれません。
　　若くしてアイドルになったメンバーは，自分という個が出来上がる前に人の目に触れ，さまざまな意見を耳にして，アイドルに対する漠然としたイメージを持ったまま活動する。
　　そして少し大人になった時，遅れてきた自我が芽生えるのです。
　　（前掲『かがみよかがみ』）

　かつて，ジャンル内の規範をめぐるセンセーショナルな報道の渦中にあった

アイドル当人によるこうした分析は，アイドルシーンに温存される価値観を内側から問い直す語りとして重要である。

4.3　ジャンル内からの自省

　アイドル自身が，アイドルシーン内の構造や価値観について，あるいはアイドルという職業に従事することについての葛藤を言葉にあらわす局面は，もとより少なくない。特に2010年代以降のメディア環境において，SNS等を介してテキストや音声，映像で個人的な発信をすることは，アイドルにとってごく標準的なものとなり，アウトプットの自由度はそれ以前に比べて格段に増した。それら日常的に展開される発信は断片的であったり，SNSの性質によっては一時的，時限的なものであったりするため，必ずしも世の中に広く認知されるわけではないが，アイドルによる自己表現やオピニオンが日々生まれる場として，参照すべき局面は多いはずである。加えて，マスメディアにおいても頻繁にインタビューやコラムの語り手として招かれる立場にあるアイドルは，平素から「語り」を発信することの多い職能といえる。

　そうした語りの内からは，先の峯岸の言葉がそうであったように，アイドル自身がジャンル内の困難を捉え返し，相対化するような視点も生まれてくる。そもそも，アイドルというジャンルの中心にいる実践者たち自身の振る舞いや発信が，ジャンル総体の価値観をつくっていくことは本来きわめて自然であるはずだ。長らくハロー！プロジェクトに所属してきた和田彩花が2021年初頭，芸人のヒコロヒーとの対談のなかで語った以下のような言葉には，より根本的な問題提起がうかがえる。

　　アイドルの場合，異性パートナーの存在は隠さなくてはならないのですが，私自身はセクシャリティが曖昧で揺らいでいるので，そもそも異性愛をベースにした価値の中に置かれていること自体にずっと苦しんできました。「特定の性別のための私」として女の子らしさやアイドルらしさを表現することを求められているということに。小4の時からやっていたので，アイドルというのがすごく偏った視点の中で存在するものだということに気づかなかったんですよね。(『エル　デジタル』2021年1月8日)

　ここでは「恋愛禁止」という事象の性質があらためて説明されているが，それ以上に指し示されているのは，ジャンル内で当たり前に流通してきた規範の背後にある，異性愛を基盤にした価値観の強固さである。上記引用部では，語り手がアイドル活動において周囲から求められてきた「アイドルらしさ」について言及されているが，そのような規範や「らしさ」を求める声は誰から発されるのかと問われた和田は，

　　具体的にはっきり言われるわけではなくて，でも作り手も，メディアも，ファンも，同業者も，自分たち自身も，全部だと思います。男性だけじゃなくて女性のなかにも，自覚なしにそういう価値観が内面化していると思います（前掲『エル デジタル』）

と答え，コンテンツの制作側も受け手も媒介者も含めたジャンル全体が，暗黙のうちにアイドルの振る舞いを統制していく状況を指摘している。本章では，アイドルコンテンツの送り手が異性愛規範を中心的な価値観として疑いなく採用するさまを出発点として，そうした価値観が「恋愛禁止」と呼ばれる風潮と接続される様子をみてきた。それは厳密で明快なルール化をもって運用されるというよりは，まさに和田が指摘するような自覚なしの内面化であり，曖昧に強制力を持ちながらの規範化であった。一方で，アイドル自身が語り手となることで，アイドルというジャンル全体が当たり前のものとしてきた価値観について，当事者による自覚的な反省の契機も生まれている。このことは，「恋愛禁止」というそれ自体なかばトピックとしての扱いがステレオタイプ化している論点を，あらためて精緻に捉える上で見過ごしてはいけない点である。

5　おわりに

　本章前半では澁谷の論考を参照しながら，お笑いにおいて女性芸人・女性客がいかに貶められた評価を受けているかについてふれた。澁谷は当該の議論の終盤で，焦点を「彼女たちの語られ方」から「彼女たちの語り」に移し，女性

たち自身の「能動性」に注目することの重要さに言及している。アイドルというジャンルに流通する価値観に関しても同様に，ジャンル内の規範を直接的に背負わざるをえない当の本人である，アイドル自身の語りに注目することで，それら規範に対する俯瞰的な視野や根源的な問い返しを喚起しうる。

　そのような視点が肝要であるのは，ジャンル内で自明視されている規範や振る舞いが，いかなる差別性や抑圧を生んでいるのかを省みる機会となるからである。前節で引用した和田とヒコロヒーの対談中には，まさにアイドルとお笑い双方のジャンルをとりまく2020年代初頭の空気の変化について，当事者たちが語り合う一節がある。

　　和田　私の感覚では，この一年くらいで流れがグッと変わりましたね。私がフェミニズム的な発言をしてもTwitterで変なリプライがくることとか，本当に減りましたし。
　　ヒコロヒー　お笑いで言うと，「美女軍団・ブス軍団」みたいな番組をやっていたけど，世間様の方が先に敏感に「なんやこれ，なんやこれ？　なんちゅう番組やねん？」って違和感を察知してザワザワしてきたんですよね。それでもやり続けていたけど，ようやく無視できなくなったのがこの半年くらい，という感じだと思います。
　　（前掲『エル デジタル』）

　特にヒコロヒーの言葉に明確にあらわれるのは，ジャンル内で当たり前に行われていた慣習的なカテゴライズや志向性が，より広い社会一般の目にさらされることで相対化されるようなプロセスだ。ヒコロヒー自身，ジャンル内のジェンダーバイアスに対するクリティカルな視線を，芸人としての実践のなかで示してきた人物でもある。あるいはアイドルの側に目を向けるならば，前節で峯岸が列挙するような今日的なアイドルのあり方もまた，各々が自らのパーソナリティやライフコースへの姿勢を示しながら，アイドル像を自ら描き出そうとする姿勢といえる。それらは，各ジャンルの内部では当たり前のものとされている規範や価値観を，より広い視野に引きつけて捉え直すいとなみである。

　上述の対談では和田とヒコロヒーともに，そのような問い直しや異議申し立ての先に生まれる共通理解が，ジャンル内の表現の幅をむしろ拡張していく可

能性に言及している。差別性や抑圧に関する共通理解がある程度定着することで，そこから逸脱，乖離した表現を位置づけることもまた容易になる。怖いのはおそらく，ジャンルの内側で醸成された慣習が，社会一般の視野から乖離していくことについて，無頓着になってしまうことのほうだろう。ポピュラー文化にとって，社会と結び合うことは常に不可欠であるはずだから。

参考文献

峯岸みなみ，2020，「峯岸みなみの『できれば明日も褒められたい』」『かがみよかがみ』2020年9月30日，朝日新聞社，https://mirror.asahi.com/article/13773524

中村香住，2020，「『女が女を推す』ことを介してつながる女ヲタコミュニティ」『ユリイカ』青土社，52（11）：249-257.

中森明夫，2017，『アイドルになりたい！』筑摩書房.

さやわか，2015，『僕たちとアイドルの時代』星海社.

澁谷知美，2007，「お笑い——『男の世界』で女性はどのように語られているか」『現代文化の社会学 入門——テーマと出会う，問いを深める』ミネルヴァ書房，21-38.

宇野常寛，2013，『日本文化の論点』筑摩書房.

横山慧，2020，「男に口説かれても『プロ』貫いた／白石麻衣こんな人」『日刊スポーツ』2020年1月7日，日刊スポーツ新聞社，https://www.nikkansports.com/entertainment/news/202001060000573.html

「【和田彩花×ヒコロヒー対談】ジェンダー視点で読む2021年，『芸人』と『アイドル』はどう変わる？」『エル デジタル』2021年1月8日，ハースト婦人画報社，https://www.elle.com/jp/culture/movie-tv/g35125462/ayaka-wada-hikorohi-interview-210108/

『モーニング娘。20周年記念オフィシャルブック』ワニブックス，2018.

『日経エンタテインメント！』2012年1月号，日経BP社.

◀コラム❸▶

アイドルに投影されるもの

香月 孝史

　「アイドルにはファンタジーが投影されているものだ」と書けば，いかにもあり
ふれた言辞のようである。よくある物言いであるだけに，なんとなく何かを指摘で
きたような気になってしまうし，ややもすればそこでアイドルという事象について
の認識を止めてしまうかもしれない。ここでは，この常套句がもつ内実をもう少し
問うてみたい。

　アイドルはしばしば，ヘテロセクシュアルな欲望の客体として，受動的な存在に
留め置かれているもののように説明されてきた。こうした認識は，アイドルという
ジャンル総体が否定的に語られる際の理由として挙げられることも多い。アイドル
に託されるファンタジーといったとき，長らく想定されてきたのは，たとえばそう
したイメージだろう。

　このような，アイドルを異性愛的な視点のみに還元する単純化した語りの雑駁さ
については，近年指摘されることも増えてきた。ただしまた，かねてからのそうし
たステレオタイプは，必ずしも実態をまるで伴わない空疎なイメージというわけで
はないはずだ。長い間，アイドルにあてがわれてきた慣習や価値観のなかには，異
性愛が無意識のうちに前提された規範が存在し，今もってアイドルたちを不条理に
縛り続けている（たとえば**第4章**における考察は，その一例を具体的に指し示すことを意図
している）。

　また，アイドルが受動的な存在として語られる際，ときに揶揄的に「操り人形」
などのメタファーが用いられてきた。ひとつには，他の音楽ジャンルなどと比較し
て，作詞や作曲・編曲や振付，総合的なプロデュースなどが演者以外の人物にゆだ
ねられるため，その外形的な特徴を指して「操られている」とされることがある。
もっとも，芝居であれ音楽や演舞であれ，種々のエンターテインメントにおいて，
作品の構成や演出を専門のスタッフに託し，演者がパフォーマンスに専従すること

は本来珍しくない。そのなかで，ことにアイドルが主体を剥奪されたような「操られている」印象で語られるとすれば，上記したようなジャンル内の問題性を持て余していることがその一因でもある。そんなネガティブな評価もまた，アイドルに投げかけられる，よくあるイメージといえる。

　集合的に制作されるエンターテインメントである以上，そのなかで限られた役割を引き受ける演者のアウトプットは，必然的になんらかの水準でコントロールされ，制約を受ける。しかしまた，演者は自らが受け持つパートのなかで，主体性も知性も表現しうるはずである。その状態は，ある意味では常に管理されているとも言えるし，主体的であるとも言える。

　おそらく私たちは，アイドルという存在をぼんやりと思い浮かべるとき，その両面性を截然と切り分けることができず，綯い交ぜの状態で捉えている。だからこそ，アイドルの主体性／客体性のようなものを考えようとするならば，自分自身も含めた受け手が何を能動的・受動的だと受け止め，いったいどのような振る舞いや表現に主体性らしさを感じているのか，一旦省みることは重要である。

　エンターテインメントの受け手は，提供される表現に対して様々な解釈をしてみせる存在である。ジョン・フィスクによる，アメリカのアーティスト・マドンナの1980年代におけるファンカルチャー研究は，その象徴的な例といえる[1]。当時，マドンナが表現していたイメージは，一面では男性中心的な社会の眼差しに従属する女性像をあらわしたものとされた。しかしフィスクは，マドンナのセクシュアルな表現を通じたアウトプットのうちに，ファンの女性たちが男性社会による支配への抵抗や呪縛からの解放，自己決定する姿を看取していることを指摘する。社会一般に，既存の権力性に対して従順であるとみなされがちなコンテンツが受容されるとき，そこにはむしろ従属性とは大きく異なる，抵抗的な読解が生じうることを，こうした研究は示唆している。アイドルに向けられる眼差しのありようもまた，簡単に類型化できるほど単純なものではない。一見，「異性向け」とされがちなアイドルの受容のあり方が実際にはきわめて多様であることを知っている今日の私たちにとって，フィスクの議論は自らに引きつけて検討，応用しやすいかもしれない。

　とはいえ，男性中心的な構造に寄り添った表象が繰り返されることで，ファンがその価値観を無意識に内面化し，抑圧的な慣習を引き続き温存してしまう事態もまた，今日的な現実として容易に想像できる。受け手による「抵抗」の力ばかりを楽

観視することもできないだろう。

　それでは，より素直な意味で，アイドルが体現するメッセージやエンパワーメントが，社会的に承認されやすい「正しさ」を持っていると思えるような場合ならば，私たちは憂いなくアイドルを受容できるのだろうか。それでもなお省みるべきは，受け手がアイドルに見出そうとする「正しい」姿さえもまた，常にファンタジーの投影に他ならないということである。

　マンガ研究やメディア論を専門とする岩下朋世は，複数の水準における「キャラクター」を論じるなかで，「キャラクターに対して，キャラクターとしてのアイドルやラッパーやキャストに対して，自らのものであるかのように思い入れ，彼らが生きるべき（だと私たちにとって思われる）物語へと送り込んでしまうこと，私たちが抱くイメージのように生きさせようとすることの危うさ」にも目を配っている[*2]。岩下の議論は2次元から2.5次元，さらに3次元まで，いくつもの位相を横断しながら，キャラクターに対する解釈の多義性と，「リアル」であることとの関係を仔細に捉えていくものだが，表舞台におけるプレゼンス（「キャラクター」性）とプライベート領域とが明確に線引きされにくいアイドルという職能を考える場合，ここで指摘される「私たちが抱くイメージのように生きさせようとする危うさ」については，いっそう留意されねばならないだろう。近年は，文芸やマンガをはじめとする創作ジャンルでもアイドルをモチーフにしたフィクションが多く登場し，実在のアイドルをモデルにした作品もみられる。特に，作品に託されたメッセージが現実のアイドルと二重写しになるような創作にふれるようなとき，生身のアイドルに受け手がどのようにファンタジーを投じているのかをはかる機会にもなるかもしれない。

　私たちがこうあってほしいと考えるアイドルの振る舞いや「正しさ」，エンパワーメントにみえるもの，あるいはその表現に見出す主体性らしささえもまた，アイドル当人の実存それ自体ではありえない。それはどこまでも，受け手が都合よく思い描く虚構である。そして，むろんのことアイドルは生身の人間であり，「私たちが抱くイメージのように生きさせ」ることを強いてよい対象ではない。それでもなお，アイドルを享受することは，アイドル当人のパーソナリティを消費し，虚像を投げかけることと不可分である。だからこそ，消費者の側がそうしたある種の暴力性を自覚し，すっきりとした答えの出ない居心地の悪さと自ら付き合い続けること

は，決して無駄ではないだろう。

*1 ジョン・フィスク，1998，山本雄二訳『抵抗の快楽——ポピュラーカルチャーの記号論』
　　世界思想社。
*2 岩下朋世, 2020,『キャラがリアルになるとき——2 次元, 2・5 次元, そのさきのキャラクター
　　論』青土社。

第 5 章

性を装うアイドル

——演じる／演じない手段として——

上岡 磨奈

1 はじめに

　稲増龍夫は少なくとも90年代までのアイドルについては，シミュレーションの中の「虚構」の存在として捉えていた（稲増 1989）。また香月孝史は『乃木坂46のドラマトゥルギー』を通じて上演する主体としてのアイドルの身体とその職能を論じている。香月によれば，アイドルは実に多層的に自己を上演しており，様々な手段とレベルで演技が行われるという点から同書ではアイドルの職能を紐解いている（香月 2020）。つまりアイドルのパフォーマンスには自身をどう「演じる」，見せるのかという問題が常につきまとう。

　中でもジェンダー・ロールに基づく表現および演技とアイドルは，切り離すことが難しいといえるだろう。小川博司はアイドルを「欲望の対象」としてWinkを例に，「生身の女の子に気軽に声をかけることができない，気弱な男の子の欲望の対象としてふさわしい」存在だと述べている（小川 1993: 85-86）。

　ここでの欲望とは性愛の対象であることを意味し，アイドルは観客に対して擬似的な恋人としての振る舞いを求められるという前提が長らく共有されてきた。こうしたアイドルの背景にある異性愛主義や男女二元論についてはすでに**第4章**で議論がなされているが，本章では性表現，ジェンダーを服装や振る舞いによって提示する行為，中でも異性装をパフォーマンスに用いる事例として

男装アイドルを紹介する。

　男装アイドルとは，出生時に女性として性を割り当てられたパフォーマー（アイドル）が男性として装い，振る舞う形式でのアイドルパフォーマンスをいう。こうした表現は演者のセクシュアル・オリエンテーション（恋愛や性愛の対象についての指向）やジェンダー・アイデンティティ（自身の性別に対する認識，以下に「性自認」とされている引用箇所あり）に必ずしも依拠せず，「女性の身体」（後述）を持って男性アイドルとして振る舞うための装置として，つまりあくまで衣装や演出として男装が選択されている場合もある。

　結論を先取りすると，一様に「男装アイドル」と名乗っていても各アーティストによって「男装」という言葉によって表現する内容，また「男装」という手段を選択する理由は異なる。「男装」は演じる手段として戦略的に選ばれることもあれば，演じないための手段として取られることもあり，また実際には1組のアーティストの中でも演者（メンバー）によってその捉え方はそれぞれである。

　本章では，「男装」表現を取り入れるアイドルの事例を複数取り上げた上で，「男装アイドル」が登場した背景およびその内実を，男装アイドルのプロデュースに関わった経験を持つ関係者へのインタビューから分析する。

2　芸能と異性装

　石井達朗は，祭儀や能，歌舞伎などの伝統芸能，大衆演劇，少女歌劇に見られる「〈男装／女装〉の例をみてもわかるように，日本の芸能史はトランスヴェスティズムを抜きにして語れない」と述べている（石井［1991］2003: 19）。「トランスヴェスティズム（transvestism）」はしばしば「服装倒錯」という訳語を与えられるため，「倒錯」の持つ意味合いが現象に対して不適切であるという指摘があるが，それをふまえ，石井はここでは「異装」，「異性装」という言葉を当て嵌めている。これは服装による越境行為，「異性の衣類を身に着けること」を指す。服装や衣類はその人の性別を示す記号であり，日本の芸能にお

1　「同性の衣裳であっても，それを身にまとって『仮装』することに格別の情熱を燃やすこと」を意味することもあると石井は解説している（石井［1991］2003: 19）。これについては湯

ける表現手段として効果的に用いられてきたといえよう。

2.1　アイドルと異性装

アイドルによる異性装を利用した表現の例も数多く，さほど珍しいものではないといえる。佐伯順子は，ジャニーズ事務所属のタレントを例に「自らのアイドル性を高めるために」女装が利用され，「男性アイドルの女性とも男性ともつかぬ両性具有的魅力を引き出し，そのカリスマ性を演出するための重要な手段」となっていると論じている (佐伯 2009: 40)。佐伯は香取慎吾が演じる「慎吾ママ」というキャラクターや，堂本光一や滝沢秀明が舞台やドラマの中で演じた役柄について触れている (佐伯 2009: 39-47)。

滝沢についてはその後，2010年から自身が演出を行うミュージカル作品「滝沢歌舞伎」シリーズに引き続き歌舞伎の女形を取り入れている。またジャニーズ事務所に所属するタレントが「女装」して楽曲をリリースした事例として，テレビドラマ『49』(日本テレビ，2013年10月6日〜12月29日放送) の中で佐藤勝利とジャニーズJr.(当時) が演じた女装グループ「チキンバスケッツ」，関ジャニ∞がスマートフォン向けゲーム「キャンディークラッシュソーダ」のCM (2015年放映) で演じた女性アイドル「キャンジャニ∞」などがある。

女性アイドルによる男装には，宝塚歌劇団の男役を想起させるような格好良さ，スマートさが期待され，モーニング娘。やAKB48のメンバーが他のメンバーを相手役に恋人同士を演じる場面はたびたびメディアの話題にも上った。2001年10月31日にリリースされたモーニング娘。13枚目のシングル『Mr. Moonlight 〜愛のビッグバンド〜』では吉澤ひとみをセンターに，後藤真希，安倍なつみの3人で男役を演じた。その後，メンバーの卒業や加入を経ても，同曲のメインボーカルは男役として歌唱することが多い。青田麻未は工藤遥を対象にモーニング娘。メンバーが「イケメン」化する過程に演劇と他の表現活動との共鳴をみている (青田 2020: 266-274)。

またテレビ番組『AKBINGO!』(日本テレビ系列，2008年10月2日〜2019年9月25

山玲子が『女装する女』の中で「女が女装するということの意味」として「男と別段変わらぬ内面が，あえて女性の記号をふんだんにまとい着飾ること」の事例が関連するだろう (湯山 2008: 16)。

日放送）内の企画「No.1 イケメンガール頂上決戦!! DANSO 甲子園」(2010年3月
10日初回放映）をきっかけに宮澤佐江などメンバーの男装姿が話題になった。

2.2　アイドルの身体

　しかし「異性装」という概念を成立させるためには，そもそも演者の性別が
明確に示された上で，性別を男女二元論で捉えることを前提に置きつつ，「異
性」の服装を纏っているのであるということを明らかにしなければならない。
つまり，本章で扱う「男装アイドル」の例でいえば，「女性」であるアイドル
がパフォーマンスとして「男性」として振る舞っている，ということが観客の
目にわかりやすく提示されなければ演出としての効果を発揮しないということ
になる。アイドルに期待される旧来の文化的な性的役割（ジェンダー・ロール）
は演出としての異性装の重要な素地となり，越境行為によって生み出されるギ
ャップを魅力として映し出す。

　ではアイドルの身体について，「男装アイドル」の身体について何を根拠に
「女性」の身体と決定づけるか。ジェンダー（gender）を「社会的な性」，「文化
的な性」とする一方，「身体的な性」，「生物学的な性」という表現でセックス
（sex）を定義づける向きもあるが，ジュディス・バトラーは「セックスの不変
性に疑問を投げかけるとすれば，おそらく，『セックス』と呼ばれるこの構築
物こそ，ジェンダーと同様に，社会的に構築されたものである。実際おそらく
セックスは，つねにすでにジェンダーなのだ」（バトラー［1990］2018: 28-29）と
してセックス，つまり身体に紐づくと考えられる性も社会的に構築されたもの
であると指摘している。

　身体的な特徴を性別の根拠とする背景について石井は，規定が存在しないた
め，出生時の判断に依るしかないのではないかと考えている（石井［1991］2003:
13）[2]。パフォーマーとしてのアイドル，そして観客としてのアイドルファンに

2　「男女の行動様式のさまざまな局面に対して，あれだけの微細な規範をつくり，それを要求
　する社会も，一体何をもって『男』とし，何をもって『女』とするのかに関しては明確な
　規定があるわけではない。男女の区別を決定するものとして，医学的には性染色体，性腺，
　胎児のウォルフ管／ミューラー管などがあるが，もっとも一般的には，出生の時に産科医・
　産婆，あるいは立ち会い人が外部生殖器の形状によってそれを判断し，ほとんどの場合こ
　の時決定した性を一生いきるわけである」（石井［1991］2003: 13）。

とって男性アイドルが女装を，女性アイドルが男装をすることは演出手段としてある程度受け入れられているであろう。しかし，そうした演出を単純に「異性装」と言いきるのではなく，その背景には多くの留保が求められることを念頭に置きたい。

3 差異のための戦略的な男装

アイドルの異性装という表現，演出は経営上しばしば戦略的に用いられてきた。結果，一時的ではなく，観客の前では恒常的に「異性」として振る舞う形式が選び取られる事例が登場する。アイドルが異性装を手段として選ぶ背景には，数多くのアイドルの中での差異化という目的がある。衣装やコンセプト，楽曲など様々な切り口で他のアイドルとの違いを見せることで観客にアプローチを仕掛け，経済的な成功を目論む。目新しさはメディアにもアピールしやすく，目を惹きやすい。女性アイドルの場合，少女らしさを前面に出したアイドルが主として存在する一方，対極にあるのはボーイッシュなアイドルである。ショートカットにパンツスタイルのアイドルは，ロングヘアーにドレスを着たアイドルの中で一際目立つことになる。

3.1 「宇宙三銃士」と「ジェームス・ディーンみたいな女の子」

そうした模索の中で男装をコンセプトとして打ち出したアイドルのひとつにスターボーがいる。1982年にデビューしたスターボーは，当時アイドルのデビュー時に不可欠であったキャッチフレーズを「宇宙三銃士」として宇宙人であるという演出のもとにパフォーマンスを行った。メンバーはそれぞれナカト，イマト，ヤエトと一般的に男性を連想させるような名前を名乗り，デビュー曲『ハートブレイク太陽族』（1982年7月7日発売，作詞：松本隆，作曲：細野晴臣）では歌詞の一人称を「俺」に，語尾に「ぜ」や「さ」をつけて情熱的な恋愛模様を歌った。「男装」という表現はされていないが，ベリーショートのヘアスタイルに体のラインを強調せず，全身を覆う衣装で歌唱する姿は「男装」と表現しても大きな相違はないだろう。男性らしいイメージをコンセプトに活動する女性アイドルとしては代表的なアーティストの1組といえる。しかし2枚目

のシングル『たんぽぽ畑でつかまえて』(1983年2月25日発売，作詞：麻生香太郎，作曲：馬飼野康二) 以降はメンバー名をナミ，ナギ，メグに変更，同曲では一人称を「私」に変えて「あなた」に向けて「守ってほしい」と歌っている。「路線変更」と言われるようなこうした変化からアイドルとしての知名度や人気の向上を目的とした差異化のために戦略的に男装でのパフォーマンスを行っていたのではないかと推測される (ただしスターボーの場合，その戦略は必ずしも商業的な成功としては実りを得なかった)。

　他に同年代に活動したアイドルとしては，少女同士の「恋によく似た」想いを歌う『ジェームス・ディーンみたいな女の子』(1983年2月21日発売，作詞：阿木燿子，作曲：宇崎竜童) でレコードデビューした大沢逸美も，170cmの長身とショートヘアを一種のトレードマークに少年のような容貌をセールスポイントとしていた。大沢は，デビュー前の小学生時代には一人称に「ボク」を使い，芸能界に憧れる前は「男の子とばかり遊ぶおてんばな女の子」であったことを著書の中で明かしているが (大沢 2003: 65-70)，そうしたエピソードから連想される中性的なイメージを活かしたデビュー戦略であったのかもしれない。

3.2　勝つための「チェンメン」？

　そして現在も活動を続ける同戦略のアイドルの筆頭としては，風男塾が挙げられる (図5-1)。2008年に中野腐女子シスターズ (当時，2006年デビュー) の関連グループ「腐男塾」(当時) としてデビューした彼らは，当初は「男装」という言葉を用いずに男性ユニットとして活動していたが，2013年9月18日には11枚目のシングルとして『男装レボリューション』をリリース，歌詞にも登場する「チェンメン」(チェンジメンズの略，男装を意味する) をキーワードに「男装」アイドルとして存在を示してきた。[3] 2011年には中野風女シスターズ (当時) と

3　当時，中野腐女子シスターズが出演していたオンライン番組「はなわレコード〜中野腐女子シスターズ〜」(株式会社 GYAO 運営の無料動画配信サービス GyaO! にて配信) 内のコーナー「中野腐男子学園 腐男塾物語」で中野腐女子シスターズのメンバーが男子学生に扮し，各人の芸名を捩ったキャラクター名で「中野腐男子ブラザーズ」と名乗ったのが初出 (2007年9月放送の #27)。その後，2007年9月24日，原宿アストロホールで行われた「腐女らNight Live -Vol.6- 〜腐女が如く〜」にて初歌唱，1年後の2008年9月24日，「男坂」で腐男塾として CD デビューした。2011年，風男塾に表記を変更。

しての活動を休止，プロデューサーの
はなわによれば「アイドル戦国時代と
言われる今，真剣にプロとしてビジネ
スとして戦うからには，勝たなければ
ならない」として「風男塾に専念」す
ることを決めている（はなわ 2011）。こ
こでははっきり風男塾のほうが「勝
つ」，つまり多数存在する他のアイド
ルに「負けず」に経済的成功を収める
可能性が高いこと，また商業的な成功
を目的としていることが明示されてい
る。

　いずれの例からも男装アイドルとは
少なからず，戦略的な選択であること
が推察できる。しかし，その一方で男
装アイドルを表現手段として選択する
演者に注目すると，その理由には芸能

図5-1　風男塾「男装レボリューション」イベント限定盤B

出所：テイチクエンタテインメント公式サイト。

者としての成功を目指すことだけではなく，男装することそのものへの強い意
志も読み取れる。2014年2月に開催された「風男塾・ネクストジェネレーショ
ン・オーディション vol.2」を告知するニュースでは「チェンメン（男装）して
みたい女性アイドル，女性にもてたい女性アイドルになりたい人，アイドルと
して活動していく中の表現（ファッション）のひとつとして男装してみたい人」
を対象に参加への呼びかけを行っている（OKMusic編集部 2014）。[4] 男装を表現の
一環として取り入れることや，女性から「もてたい」という願望を叶えること
について積極的な志望者の存在を意識しており，「チェンメン」は戦略的な演
出としてのみならず，より主体的な表現方法としても提示されている。では，

4　2013年10月には「弟分チーム」のメンバーを募集する「風男塾・ネクストジェネレーション・
　オーディション vol.1」を開催，その後もオーディションを重ね，THE HOOPERS, AXELL（共
　に2014年活動開始），ael- アエル -，EUPHORIA（共に2019年活動開始）などの「弟分」グルー
　プのメンバーや風男塾の新メンバーを輩出してきた。現在は「男装アイドル総合エンタテ
　イメントプロジェクト dreamBoat」（2019年発足）として関連グループを扱っている。

アイドルとして男装を主体的に選択する背景とは具体的に何を意味するのだろうか。

4 男装アイドルを選択する理由

　2021年1月，男装アイドル結成に携わった経験を持つA，B，Cの三者を対象に半構造化インタビューでの調査を行った[5]。三者はそれぞれ，2006 ～ 2019年の間に活動を開始した男装アイドルグループMoon，スノーグループ，Stars（いずれも仮名）のプロデュースに関わり，自らもパフォーマーとして経験を持つ実演家である。いずれのグループもステージでのライブパフォーマンスを中心にしながら，テレビやラジオなどのメディア出演を含めた芸能活動を行っている。筆者は各グループ結成の経緯，メンバーの選定，ファン層，経営上の困難などについて個別に話を聞いた。

4.1　演じない手段としての男装

　Aは，自身がプロデュースを行ったMoon結成の経緯についてまず女性としての生きづらさを挙げた。Aは，まず女性としてタレント活動，アイドル活動を行う上での困難とその経験を語り，A自身が女性であることを表現の第一に置かなければならない状況から離れる，そのためにタレント業や芸能界を離れることではなく「性別を変える」ことを選択したという。「女性という性別に対してめんどくせえなと思っちゃって」と語るAは，女性ではない表現方法として「男装」を選び，自身と共に活動する「男性に近いビジュアルの女性を集めた」。元々，幼少期より「俺」や「僕」を一人称としていたAにとって「女性」でいるよりも「自然」に仕事ができるようになったという。しかし，他のメンバーについては，あくまでも芸能者として「通用するレベル」の容貌を基準としており，男装に対する特別な意向の有無を問うことなどはしていない。

5　「男装アイドル」はすでに活動を停止しているアーティストを含めても非常に少なく，その総数は筆者の観察によれば数十組にも満たない。そのため，調査協力者についての情報はほとんど明かさずにデータを掲載する。それぞれ1時間，電話および対面でのインタビューを行った。

　またスノーグループを立ち上げたBは，風男塾の存在を知る他のスタッフからの働きかけもあり，当初は所属組織の意向で「男装アイドル」を結成したと語った。ただし，男装アイドルとして活動する上で，演者には「無理をさせない」，「作らない」をこだわりとし，メンバーには「女性としても男性としても……宙ぶらりんな人達」を選んだという。名乗りにこそ「男装」という言葉を含むものの，「自然と出てくる自分」としての演者の姿を見せることがBの狙いである。「それぞれプライベートは全部は知らないし，芸名だから。本名の時は知らないけど，芸名の姿でいる時にスカートを履きたいと思う人は違う（＝グループには合わない）」という語りからも，他者に強制されることなく，衣装として「スカート」を選択しないパフォーマーであることがメンバーの共通項として示されている。

　両者とも，演じない手段として男装を選んでいることに注目したい。両グループの全メンバーが同様の意向のもとにあるか否かは定かではないが，グループを始動する段階で「男装」に結びついていたのは「自然」や「作らない」という言葉であった。では，それを「男装」と称することにはどのような意味があるのだろうか。

4.2　「男装アイドル」の複雑さ

　先に挙げた2グループとは対照的に，Cによって結成されたStarsは漫画やアニメのキャラクターのような「2次元とかの綺麗な人を再現する」男装アイドルである。Cの場合は，「この世に存在しない」，つまり虚構としてのアイドルを表現することを目指している。「ありのままの自分を見て欲しい」というメンバー志望者は，Cとは目指す演者像が異なっていたとして，オーディション等では不採用となった。つまりCの場合，男装はあくまでも演技の延長にあることが想定されている。このように同じ「男装アイドル」であっても，「男装」が意味する内容には違いがある。

　しかし「男装」という言葉を使うことによって，観客や一緒に仕事を行う芸能関係者にわかりやすくタレントの特徴を示すことができると三者は語る。類語として「中性」，「ジェンダーレス」，「イケメン女子」，「メンズライク」，「ボーイッシュ女子」など様々な言葉が使われてきたが，「男装」は中高年以上の

関係者にも説明しやすいという。Bは，スノーグループは「男装」グループではないという意識がある一方で，「それを使わないとわからない人が多いから」という理由でコンセプトを説明する言葉に「男装」を選んでいると語った[6]。

　また3グループは共通して演者の女性としての装いや振る舞いを見せないようにしている。前述したスターボーや風男塾のように，女性バージョンとでもいうような別路線，別コンセプトでの姿を見せることは極力避けている。「女装」パフォーマンスを取り入れることはあるが，あくまでも「男性」の女装を模した演出に留めるという。その点において「男装」として概括することも可能であろう。ただし，「男装アイドル」の筆頭に風男塾が存在していることを考えると，中野風女シスターズは活動休止中だがこれまでほとんどのメンバーは女性タレントとしても芸能活動を行っており，「男装アイドル」と一括りにする上での複雑さが浮かび上がる。

4.3　「男装アイドル」の境界

　「男装アイドル」という言葉の背後で「演じる／演じない」の境界はきわめて曖昧だ。森山至貴は，「女装」という言葉が意味する内容を整理する中で「『性表現』はその人の『性自認』を必ずしもあらわしているわけではなく，『性自認に沿った性表現をする人が多いとしても，両者は別の要素』と考えるのが一般的である」（森山 2020）としているが，そもそもパーソナリティが観客にとって享受の対象となり，「オン／オフ」の切替や境界が曖昧なアイドルという立場からは上演するものを「別の要素」として切り離すことがきわめて難しい（香月 2020: 43-44）。

　演者の生活や意志に沿うものではなく，アイドルとしての表現のために男装をすることについては「ファッション男装」，「ビジネス男装」という言葉もインタビューの中で聞かれた。また，オン／オフを問わず，異性装と演者のセク

6　「男装をずっとやってる人がいるにもかかわらず，『男装』として出る（＝出演する）のは違うかな，申し訳ないという気持ちもある。尊敬をしているからごめんなさいと思って（『男装』という言葉を説明から）取りたい」と，Bが想定する「男装」の定義とグループの表現は必ずしも一致してはいない旨を語った。

シュアル・オリエンテーションやジェンダー・アイデンティティを結びつけ，「本当はどっちが好きなの（＝恋愛の対象は男性なのか，女性なのか）」といった質問が無遠慮になされることも多い。それに対しては「はぐらかす」，「全力でぼかす」ことで演者のプライベートを明かすことをせず，相手の期待からも外れずに答えるようにしているという。

　三者ともに「男装」を選んだ背景には，他者／他社と競合する中での差異化も狙いとしてあり，より愛されるグループを輩出したいとの思いが少なからずあった。その上で演じることに重きを置くか，演じないことに重きを置くかという選択がいずれも「男装」へと辿り着いたといえる。

5　おわりに

　石井は，先の引用に「トランスヴェスティズムが物語や舞台などの仮構の世界の約束事の範囲内に収まっているかぎりは黙認したり享受したりする人も，ひとたびそれが了解された埒外にはみ出て現実の社会生活を侵犯するようになると，好奇の視線を投じ，時には差別・排斥の対象にすることがある」と続けている（石井 [1991] 2003: 19-20）。「仮構」と「現実」の間に存在するともいえるアイドルの異性装は，享受の対象であることを前提にしつつも，好奇の目にも晒されることもあり，差異化と成功という目論見に反して難航する場面も多い。

　それは，前提にある男女二元論や異性愛主義，そしてアイドルに期待されるジェンダー・ロールが「男装アイドル」を成立させつつ，困難にも陥れるという矛盾をはらんだ構造によるものである。それは石井が「たとえ仮構においても奇異，奇矯，倒錯的な感覚を伴うことが多いのはどういうわけだろうか。それだけ人はふだんからはっきりと性を二極に分断し，両者がうまく惹きつけあうような『装置』を，社会／文化の中で規定してきた」（ibid: 94）と指摘するように，その装置を利用しようとする試みなのかもしれない。その上で「演じない」選択を「演じる」，逆に「演じる」と見せて「演じない」という見せ方もあるだろう。

　アイドルの性表現が自己表現の中でどのような水準にあるかということを他

89

者が知りえることはなく，またそれはアイドル自身の中でも流動性を持つ可能性がある（上岡 2022）。本章においては，アイドルと性表現，とりわけ異性装についてその背景を整理したが，これまであまり注目されることのなかった分野であり，かつ無配慮なままに扱われてきたアイドルとジェンダーをめぐる問題は，他にも言及すべき項目や議論するべき事項が数多くある。異性装に限らず，アイドルによる表現手段の1つとして性表現は検討されるべきである。

参考文献

青田麻未，2020，「『イケメン』な女性アイドル──工藤遥試論」『ユリイカ』2020年9月号，青土社，266-274.

バトラー，ジュディス，2018，竹村和子訳『ジェンダー・トラブル──フェミニズムとアイデンティティの攪乱 新装版』青土社.

はなわ，2011年11月29日，「中野風女シスターズ音楽活動休止。」，https://ameblo.jp/hanawa-blog/entry-11092736301.html，HANAWA LIFE はなわオフィシャルブログ（2021年1月12日閲覧）.

稲増龍夫，1989，『アイドル工学』筑摩書房.

石井達朗，［1991］2003，『異装のセクシャリティ──人は性をこえられるか 新版』新宿書房.

香月孝史，2020，『乃木坂46のドラマトゥルギー──演じる身体／フィクション／静かな成熟』青弓社.

上岡磨奈，2022，「クィアとアイドル試論──二丁目の魁カミングアウトから紡ぎ出される両義性」香月孝史・上岡磨奈・中村香住編『アイドルについて葛藤しながら考えてみた──ジェンダー／パーソナリティ／〈推し〉』青弓社，130-154.

森山至貴，2020年2月19日，「マツコの『コスプレと似てる』発言で考えた"女装"をめぐる根深い問題 女装はLGBTに含まれますか？」，https://president.jp/articles/-/32960（2021年1月12日閲覧）.

OKMusic編集部，2014年1月20日，「風男塾の"弟分"を選ぶ『風男塾ネクストジェネレーション・オーディション Vol.2』開催！」，https://okmusic.jp/news/29293（2021年1月12日閲覧）.

小川博司，1993，『メディア時代の音楽と社会』音楽之友社.

大沢逸美，2003，『お母さん，ごめんね。』アスキーコミュニケーションズ.

佐伯順子，2009，『「女装と男装」の文化史』講談社.

湯山玲子，2008，『女装する女』新潮社.

第 6 章

アイドル楽曲の鑑賞と日常美学

——自己啓発という観点から——

青田 麻未

1 はじめに

　アイドル文化について語る際，ファンはアイドルその人を応援する，あるいはアイドルとのあいだの擬似的な恋愛関係を想像するということがしばしば強調される。いわば，「アイドル鑑賞」と言うとき，鑑賞されるのはアイドルその人であって，楽曲はそれに付随するものに過ぎないと捉えられている。香月孝史は，アイドルというジャンルにおいては「歌唱などの技術的裏づけを第一条件としてこなかったこと，また一般にパフォーマーの自作自演に価値が置かれるなかで，アイドルが非自作自演であることなどによって」，その音楽性の低さのイメージが形成されてきたと述べる（香月 2014: 128）。

　しかし，「『アイドル』というジャンルを特徴づけるのは，アイドル当人によるパーソナリティの開示であり吐露である」とされる一方で（香月 2014: 130），香月自身も指摘するように，アイドルの基本的な上演形式である楽曲やダンスを中心としたパフォーマンスはその鑑賞経験にとって不可分なものである（香月 2014: 135）。

　本章は，アイドル鑑賞における楽曲やパフォーマンスが持つ意味を考察の中心に据える。その際に注目するのは，いわば「自己啓発」の側面を持つような作品の例である。具体的には，モーニング娘。を中心としてハロー！プロジェ

クトの楽曲そしてパフォーマンスに言及することになる。

　なぜ自己啓発ということばのもとで解釈される作品を検討するか，その理由は二つある。第一に，香月が指摘するように今日のアイドル鑑賞においてはアイドルその人のパーソナリティが重要な要素となっているが，自己啓発的内容を含む作品においては，常に上昇志向であることが求められる現代のアイドルのパーソナリティを作品そのものが規定するという構図が確認され，アイドルのパーソナリティと楽曲の鑑賞が相互不可分なものであることがわかるからである。第二に，後述するように，アイドル鑑賞は一般的な芸術鑑賞と比較して「日常性」の高い行為であるが，この日常性ゆえにアイドルの楽曲が鑑賞者その人の自己形成にまで関わりうるということをみるうえで，自己啓発的楽曲は有効な事例だと考えられるからである。

❷　自己愛と自己啓発のちがい

2.1　稲増によるSPEED楽曲における自己愛の分析

　以下で検討する自己啓発という観点は，アイドルとは異性愛規範を標準とする文化であり，したがってその楽曲の内容も異性間の恋愛を表象するものであると前提しない点で，稲増龍夫が提起した「自己愛」の概念と重なる点がある。稲増は，1970年代から1990年代のアイドル楽曲の展開を次のように外観する。1970年代においては，山口百恵の楽曲にみられるように，当時の男性の願望を投影したステレオタイプとしての「処女」を主人公とする楽曲がアイドルというジャンルにおいて主流であった。しかし1980年代の松田聖子の楽曲では同じ恋愛が扱われながらも，主人公の女性の受動性は弱まり，代わりに「『能動的』＝『積極的』な恋愛感情」が描かれている（稲増 1999: 166）。さらに1990年代に入ると女性アイドルというジャンルそのものが低迷するが，1990年代後半の安室奈美恵やSPEEDの登場によってアイドルが盛り返すとき，「女性ファンが女性アイドルを支持するという新しい傾向が加速されていった」と稲増は指摘する（稲増 1999: 169）。

　さらに稲増によれば，この「同性」からの支持とはたんに「同性の眼」を意識することではない。かつての恋愛を歌う楽曲のなかの主人公たちが「男性の

眼」を意識していたのと同じような「他人」に規定される生き方ではなく，「いかに『自分らしく自信を持って生きているか』」が楽曲の主人公に求められるのである（稲増 1999: 170）。『Go! Go! Heaven』，『Body & Soul』，『STEADY』を辿りながら，稲増は SPEED の楽曲においては「異性」ではなく「『自分の生き方』＝『自己』に関心が向かっており，『異性愛』から『自己愛』へと，歌詞世界のベクトルが転換していることが見てとれる」と指摘する[1]。彼はそこから，SPEED のような 1990 年代のアイドルは，女性ファンが「自己を投影していく同一化の対象となり，アイドルに自らの生を仮託していく構図が現出」したとまとめる（稲増 1999: 176）。それは男性の視線を意識する「異性愛」から，新たな「自分探し」の意志表明としての「自己愛」へのベクトル転換と呼ばれ，より広い文脈では「男性優位社会における『恋愛幻想』『成長幻想』『会社幻想』といった『物語』の解体」を反映していると彼は主張する（稲増 1999: 176）。

2.2　自己愛から自己啓発へ

本章で取り上げる自己啓発という観点は，稲増のいう自己愛と重なる点を持つ。しかし，自分探しという未来志向の視点を含みつつも基本的には現状肯定が前面に出る自己愛に比べ，自己啓発はより強く向上の意識を前景化するものである。そこで，次に見る牧野智和の言う「自己啓発メディア」という観点を導入することで，アイドル楽曲が鑑賞者に与える影響についてもより詳細に考えることができるようになる。

牧野は，自己啓発の意味するところを「自分自身の認識・変革・資質向上への志向」と規定したうえで[2]，現代における種々の自己啓発メディアが提示する規範を分析し，現代社会における私たちの生のあり方について検討している。彼はニコラス・ローズの議論を引きながら，「自己啓発書，エッセイや自

1　稲増が指摘するように『Go! Go! Heaven』と『Body & Soul』が人生の応援歌であるのに対して，『STEADY』は明確に恋愛を謳っている。しかしその場合にも，「女性」性は薄まっているため，異性愛規範に絡め取られた楽曲とは一線を画すものだと稲増は解釈している（稲増 1999: 172）。

2　牧野によれば，自己啓発は元々 1950 年代の労務管理の文脈において，職業能力開発を意味することばであった（牧野 2012: ii）。

伝，ブログ・ミクシィ・ツイッター，趣味，資格，習い事，ボランティア，ファッションや化粧，インテリア，カウンセリングや占い，セミナーや講演会」などはみな「特定の自己をめぐる問いを創出し，人々の前に突きつけ，意識化させ，実践可能な課題へと化していくことに関わって，今日的な『自己の体制』を形作る知識・技法の一部」として機能しているとみなす（牧野 2012: 7-8）。「自己の体制」とは，社会的に限定された仕方で構築された自己の可能な，望ましいあり方のことを指す。今日，自己啓発は一つの社会的ムーブメントになっていると考えられるが，これに関わる各種メディアはどれも「自己の体制」を築くために必要な知識・技法を私たちに対して与えるもの，つまり「自己のテクノロジー」であると牧野は分析する（牧野 2012: 18）。

　牧野はさらに，自己啓発メディアが日常生活のなかの考え方，行動の仕方，感じ方といったことに関わる特定の習慣を示すという点で，人々の「感情的ハビトゥス」を形成するものであると指摘する（牧野 2015: 7）。ハビトゥスはピエール・ブルデューによって，社会階層ごとに異なる仕方で長期にわたる時間をかけて獲得されるものであると考えられていたが，牧野によれば，自己啓発メディアは「読者の出自に関係なく，今ここで新たに獲得されようとする感情的ハビトゥスによって今までの自分，あるいは他者との差異化・卓越化を促して」おり，「過去からの蓄積ではなく今ここからの努力」というブルデューの議論とは逆向きの方向を有している（牧野 2015: 8）。

　自己啓発メディアと呼ばれるものの射程は広く，牧野が挙げる例には書籍のかたちを取る自己啓発書だけではなく，占いやファッションまでもが含まれている。アイドル楽曲は歌詞という文字情報を含む点で，自己啓発書に近いメディアとして機能しうるだろう。ただし同時に，楽曲が音楽的要素を持ち，ダンスという別種のパフォーマンスをも含む点も注意してみる必要がある。歌詞の内容とダンスという身振りを通じて，アイドル楽曲が鑑賞者に自己の望ましいあり方へと至るための技法を伝えるとき，当の楽曲は自己啓発メディアとなる。またその技法が，鑑賞者の出自とは関係なく今ここから実践可能なものとして示されることも重要である。

　しかし具体例の分析へと至るそのまえに，アイドルの楽曲のなかにもまた自己啓発メディアとして聴かれることが可能なものがあるのではないかと問うこ

との意義を，「日常美学（everyday aesthetics）」の観点から考えておこう。

③ アイドル鑑賞と日常美学

3.1　日常美学とはなにか

　日常美学とは，2000年代に入って発展している現代美学の一分野である。美学は感性の学，すなわち私たちの感性的認識一般を扱う分野であるが，その議論対象は芸術作品に限られる傾向にあった。あらゆる有用性から切り離し，純粋に作品を鑑賞することで「美しい」とか「勇壮だ」，「物悲しい」などと芸術作品を判定するための能力として感性を捉えたのである。しかし1960年代後半より自然環境が，それに続いて自然環境に限られない様々な環境を私たちはどのように感性をつうじて，すなわち美的に鑑賞するのかが議論されるようになるにつれ，より広く日常生活における私たちの感性のはたらきについて注目が集まるようになった。そこで誕生したのが日常美学である。

　この分野の重要な論者のひとりであるユリコ・サイトウは，日常美学という分野は西洋中心主義的な美学の脱構築に寄与するものだと考えている。そもそも芸術作品自体が西洋近代の産物であり，芸術経験のみをモデルとして美的経験を捉える限りにおいて美学もまた西洋近代の枠組みに止まるものとなる。サイトウは芸術作品のようにあらゆる実践的領域から切り離された自律した領域として美的なものを捉えるのではなく，美的なものとそうではないものが混じり合うようなものとして日常における美的経験を捉えることを目指す。たとえば，彼女は和菓子を包む竹の皮のような日本の贈り物の包装は，ハサミを使ってプラスチックの包装を雑に破くのとは違う仕方で，自分の手による身体的参与を伴いながら包装を解くようにできているために，モノに対する配慮を誘発すると言う。つまり，この包装はただ美的によいだけではなく，道徳的なよさも兼ね備えたものであり，この2種類のよさは切り離し不可能なものであると考えるのである（Saito 2007: 232-234）。サイトウはこのよさを判定する私たちの判断を「美的－道徳的判断（aesthetic-moral judgment）」と呼ぶが，日常美学においてはこのように美的なものを独立した領域として扱うのではなく，そのほかの様々な日常的実践と関わるものとみなす。

3.2　ポピュラーミュージックの聴取

　アイドル楽曲を含むポピュラーミュージックは，それが「音楽」である限り
では芸術作品として捉えることも可能であるが，しかしその聴取経験がきわめ
て日常的な仕方で行われ，また私たちの実存とも密接に関わるという点で，日
常美学の主題にもなりうるものであると考えられる。セオドア・グレイシック
は，ポピュラーミュージックの美的鑑賞について論じる上で，日常美学の発想
に言及する。コンサートホールでのクラシック音楽の聴取においては，美的対
象である作品は鑑賞者とは切り離された，特別な対象となっている。このと
き，作品はただその美的なよさによって評価されるのであり，そのほかの実践
的で機能的価値の観点から評価されるべきものだとは考えられていない。たと
えば，自身の集中力を高めるためにベートーヴェンの音楽を聴き，どれだけ集
中力を高めてくれたかという機能的価値の観点からベートーヴェンを評価する
ことは，伝統的な美学においては，真の音楽聴取体験ではないとされる。

　グレイシックはこれに対して，日常美学を援用し，音楽，特にポピュラーミ
ュージックは異なる文脈において異なる価値を持ちうるものであり，その聴取
経験において私たちは美的価値と機能的価値を対立するものとは考えていない
と主張する（Gracyk 2007: 40）[3]。たとえばBGMとしてなんらかのポピュラーミ
ュージックをかけることでドライブの経験が変容した場合，その作品はドライ
ブをよりよいものにするという意味で機能的価値を持ちながら，その楽曲自体
が優れたものであるという意味で美的価値を持つとみなすことは不自然ではな
い。さらにグレイシックは，ポピュラーミュージックは多機能的であると指摘
する（Gracyk 2007: 123）。より幅広い人々に聴かれることを想定しているポピュ
ラーミュージックは，異なる層の人々に対して異なる聴かれ方をすることを意
図されており，文脈が変わることで別の機能を持つようになる。そして機能が
変われば，それとの関連で生起する楽曲聴取が持つ美的な効果も変化するとい
うことになる。

　以上のように考えると，いわば芸術と日常のあいだという曖昧な位置にある
ポピュラーミュージックを聴くという経験は，たんにその楽曲の音の連なりや

3　グレイシックはロックミュージックを典型例として論を進めているが，その議論の応用可
　能性の射程はロックに限られるものではない。

歌詞の韻律を美的に楽しむというだけではない。その美的な愉しみを通じて，その楽曲からなんらかの実践的な効果を得ることを含みうる。その一例として，アイドル楽曲が自己のテクノロジーとして機能すること，すなわち自己啓発という効果を持つこともありうる。

4 自己のテクノロジーとしてのアイドル楽曲

4.1　具体例としてのモーニング娘。

では，アイドルの楽曲が自己のテクノロジーとして機能するとはどのような事態か。以下ではこの事態の内実を，二段階に分けて明らかにする。第一の段階は，自己啓発的な楽曲がアイドルのパーソナリティを強化しそれを鑑賞者が鑑賞する段階，第二の段階は，鑑賞されたアイドル楽曲が鑑賞者のパーソナリティに作用する段階である。

その際，具体例として，女性アイドルグループであるモーニング娘。の楽曲，特にEDM（エレクトロニック・ダンス・ミュージック）を基調とする楽曲を見ていく。そのなかでも恋愛というアイドル楽曲における主要テーマのひとつを，独立した特権的なものとして扱うのではなく，より包括的な人生の向上に寄与する一要素として位置づけるような歌詞内容を持つ楽曲に注目する。

稲増は1990年代のSPEEDなどの動向に異性愛から自己愛への転換を見て取ったが，しかし現在においても異性愛規範はアイドルを取り巻く文化のひとつの大きな特徴として捉えられている。また彼は，自己愛はあくまで異性愛と対になるものであり，それは男性優位社会が持っていた「恋愛幻想」や「成長幻想」などを打ち砕くものだと言うが，以下で見る事例のなかではむしろ自己の成長という大きなパースペクティブのなかのひとつの要素として恋愛が組み込まれることで，むしろ成長という契機がより強められていくような状況が見て取れる。つまり以下で見る楽曲は，いわば恋愛を「格下げ」することによっ

4　モーニング娘。は1997年から卒業・加入を繰り返しながら活動を継続しているが，このグループの楽曲にEDMが取り入れられるようになったのは2013年にリリースされた『恋愛ハンター』以降のことである。ゆえに以下では，2013年以降の楽曲に焦点を絞って議論を進める。

て，異性愛規範には収まりきらないパースペクティブを提示しようとしているとも解釈できるのである。

4.2　楽曲によるアイドルのパーソナリティの強化

　先に述べた第一の段階，すなわち自己啓発的な楽曲がアイドルのパーソナリティを強化し，それを鑑賞者が鑑賞する段階についてまず考える。この場合，楽曲はアイドルのパーソナリティの表現に付随するものではなく，むしろそのパーソナリティのあり方を規定するものとなる。まず音楽的なレベルにおいて，EDM はその音楽的性質上，アイドル業界においては相対的に激しいダンスパフォーマンスを組み込むことになる。それゆえに，まず EDM 楽曲はその歌詞の内容をさておいても，楽曲にある種の修行性を加えることで，アイドルその人が自己研鑽を積む人物であることを強調する効果を持つ。モーニング娘。’19 が「ROCK IN JAPAN FESTIVAL 2019」に出演した際，ノンストップで 50 分間のダンスを含むパフォーマンスを披露したことで「体力おばけ」と評価されたことは，たんに容姿を提示する者としてのアイドル像からははみ出るものだろう[5]。過酷とも取れるパフォーマンスをアイドルに求めることには倫理的な問題もつきまとうことは強調してもしすぎることはないが，他方でそれに耐えうるほどに訓練をしているということが「アイドルとしての」アピールとなっていることは，現在アイドルに求められるパーソナリティのあり方のひとつを示している。

　こうしたアイドル観は，楽曲の歌詞にも現れる。たとえば，モーニング娘。の楽曲『Help me!!』（作詞・作曲：つんく，2013 年）を見てみよう。「私をこのまま一人ぼっちにしておくわけ？／あまりにも寂しい思いをさせ続けるのなら／私はどこか遠くに飛んで行ってしまうよ。／ねえ。いいの？」というセリフから始まるこの楽曲は，一見すると恋愛相手に翻弄される弱い女性の心をうたっているようでありながら，すでに「どこか遠くに飛んで行」くという飛躍の可能性が示されている。歌詞のところどころに散りばめられる「助けてお願い」，「か弱い私」といったフレーズの弱さは，「キラキラしてる女の子／私は

5　https://realsound.jp/2022/06/post-1060654.html （2022 年 8 月 10 日閲覧）。

羽ばたくよ／グズグズしてる男の子／後悔しないでね／ピンチから／掴みとる／栄光」という一番サビの歌詞の上昇志向によって打ち消される。ここでは，恋愛における弱さの認識を踏み台として，むしろ恋愛を超えて自己そのものを変革しようとする自己の体制化が見て取れる。

　同様の構図はモーニング娘。'16『ムキダシで向き合って』（作詞：星部ショウ，作曲：Jean Luc Ponpon & 星部ショウ，2016年）にも見てとれる。この曲は恋愛をきっかけに自分の「強がり」を自覚した主人公が，「無駄なプライド」を捨てて恋を叶えることを目指すという内容だが，恋愛に対して「ムキダシ」で向き合うことで「いつだって／胸張って／生きてたい」あるいは「私あきらめない／裸でいること／過去のしくじりも／包み隠さずに」と歌われるとき，恋愛を超越する人生の指針が示されている。また過去に拘らず，現在以降の振る舞いについて言及している点にも注目すべきだろう。

　アイドルの楽曲において歌詞世界の主人公「私」とアイドルその人が一致するように考えられるというのは南沙織『17才』より言われることであるが（太田 2011: 24），上述のような歌詞世界を持つ楽曲をパフォーマンスするモーニング娘。というアイドル自体もまた，EDM に乗せたダンスと呼応しつつ上昇志向によって特徴づけられるパーソナリティを持つものとして，イメージづけられていく[6]。この意味で，楽曲はパーソナリティに先立ちうる。雑誌『ダ・ヴィンチ』2020年2月号において「ハロプロが女の人生を救うのだ！」と題した特集が組まれた際[7]，モーニング娘。'20 のメンバーである譜久村聖は『女が目立って　なぜイケナイ』（作詞・作曲：つんく，2010年）について「歌っていると，普段の自分にはない強さを持って輝ける気がする」[8]と語り，牧野真莉愛は『そうじゃない』（作詞・作曲：つんく，2016年）を挙げ「もっと頑張らなきゃと思っているのにそれを誰にも言えずにいること」[9]などをこの楽曲が汲み上げてくれ

6　アイドルにおいて恋愛がほとんど禁止事項的に扱われていることも恋愛を含む作品を分析する上で無視することができない問題であるが，紙幅の都合上ここでは立ち入ることができない。

7　ハロプロとは「ハロー！プロジェクト」の略称であり，モーニング娘。も属するアップフロントグループ系列の芸能事務所所属の女性アイドルグループ・タレントの総称である。

8　『ダ・ヴィンチ』（KADOKAWA）2020 年 2 月号，pp.28-29。

9　『ダ・ヴィンチ』（KADOKAWA）2020 年 2 月号，p.30。

ていると語る。彼女たちのパーソナリティは，楽曲と呼応することでつくり上げられ，強化されているのである。いわば，楽曲のパフォーマンスを通じてアイドルが自己啓発されている。その啓発された自己としてのアイドルを，鑑賞者は楽曲のパフォーマンスを通じて感取するのである。

4.3　鑑賞者のパーソナリティへの作用

　第二の段階は，アイドルのパーソナリティおよび楽曲が，鑑賞者のパーソナリティに作用する段階である。アイドル楽曲を含むポピュラーミュージックは，1曲が5分程度に収まる形態を基本とするため，かなりの回数を繰り返して視聴できるという性質を持つ。そのため，確かにアイドル鑑賞においてライブという「現場」の存在が非常に重要な位置を占めているにしても，この日常のなかでの視聴のあり方を無視することはできない。自己啓発的アイドル楽曲は，日常のなかで繰り返しMVや音源を通じて視聴されることによって，包括的な人生の向上を目指すための態度という感情的ハビトゥスを鑑賞者のうちに形成していく自己のテクノロジーとなる。

　エンリコ・テッローネは，ポピュラーミュージックの録音を聴く経験を，歌詞世界を生きる「他者」の声を聴くという虚構的体験をもたらすものだと主張している（Terrone 2020）。しかしこと自己啓発的なアイドル楽曲に関して，その鑑賞はもはや虚構的な体験でもないし，またそこで聴こえてくる声は登場人物としての他者の声ではなくなるのではないか。〈自己啓発的パーソナリティを持つアイドルのファンである〉という属性を自覚する鑑賞者は，アイドルをロールモデルとしつつ自身のパーソナリティをも築いていく，そのための装置としてアイドル楽曲を鑑賞する。このとき，楽曲の主人公は虚構の存在ではなく，またアイドルその人と一致するだけでもなく，鑑賞者その人とも一致するものとなる自己の融解現象が起きる。

　先にも挙げた『ダ・ヴィンチ』「ハロプロが女の人生を救うのだ！」という特集タイトル自体が，アイドル鑑賞がたんなる「鑑賞」ではなく日常的で実践的な領域に組み込まれていることを示している。もちろんグレイシックが指摘していたように，ポピュラーミュージックは多機能的なものであるため，自己啓発的なしかたではそれを聴取しない鑑賞者も存在するだろう。しかしある文

脈においては，アイドル楽曲は自己のテクノロジーとして鑑賞者のパーソナリティに働きかけるのである。[10] たとえば作家の朝井リョウは，モーニング娘。'16『セクシーキャットの演説』（作詞・作曲：つんく，2016年）を挙げ，この曲の「本気で挑めば勝てるのよ」というフレーズについて，「私は，日常生活のなかで出会う理不尽さに心が折れそうになったとき，このフレーズを心のなかで繰り返す。それは，歌，ダンス共に誤魔化しを許さない彼女たちの姿勢が，この言葉を体現してくれているからだ」[11] と述べている。鑑賞者が日常のなかでどのように振る舞うかを決定していく際に，アイドル楽曲は自己啓発メディアとして作動しうるのである。これらの楽曲は，「純粋な」音楽作品としての枠を超えて鑑賞者の人生に直接作用するのだ。

5 おわりに

　以上で見たように，自己啓発的楽曲はアイドルの，さらには鑑賞者のパーソナリティをも巻き込むかたちで展開しうるものである。この形式の楽曲は，パーソナリティを売り物とするアイドルにとってたんなる付属物ではなく，むしろ当のパーソナリティのあり方を強く規定するという意味で，アイドルの活動の根幹を支えうるものとなる。また鑑賞者がアイドル楽曲の日常的視聴を通じて，たんにそれを美的対象として評価するのではなく，自身のパーソナリティの変革という機能を持つものとして享受することになるという点で，美的なものと実践的なものが交差する領域を扱う日常美学の観点から興味深い事例ともなっている。

　だが，アイドルの楽曲が自己啓発メディアとしてはたらく以上，その表現のあり方について，アイドルと鑑賞者の視点どちらに立ってみても，注意しなければならないことがある。ごく一部に限られるものの，最後にこの点について指摘しておきたい。

10 モーニング娘。の場合，女性ファンの聴取経験にそのような文脈が強く現れると言えるかもしれないが，しかし自己啓発的な仕方の聴取はジェンダーに限定されるものでもないだろう。先述の『ダ・ヴィンチ』の特集においても，「女」に限られないハロプロファンを自認する著名人のコメントが寄せられている。
11 『ダ・ヴィンチ』（KADOKAWA）2020年2月号，p.46。

　まずアイドルについていえばなによりも，プロデューサーや楽曲制作者がアイドルの見られ方・生き方を規定することができてしまう点を注意すべきだ。たとえばハロプロに所属するつばきファクトリーの楽曲『アイドル天職音頭』（作詞・作曲：星部ショウ，2022年）は，全体としてアイドルの感情労働的側面を素朴に肯定する歌詞のなかに，「青春はみんなとちょいと違います／恋人より己を見つめます」という一節が含まれる。これは恋愛禁止というアイドルに課されやすい規範が自己の向上へとすり替えられる論法であり，これが自己啓発メディアとしてアイドルに作用しうる可能性を考慮すれば，かんたんに容認できるものではない。

　また，鑑賞者という観点について考えるならば，たとえばTVドラマ『真夜中にハロー！』（テレビ東京，2022年）に注目してみるのがよいだろう。このドラマでは毎回なんらかの悩みを抱えた主人公が，ハロプロメンバーによる楽曲パフォーマンスに触れて新しい一歩を踏み出すという形式をとっており，アイドル楽曲を自己啓発メディアとして存分に活用している。だがそれらは仕事での成功，異性愛的恋愛，親子関係をベースとしつつ，既存の社会規範に沿ったものになっている。だがハロプロがだれかの人生を救うのだとすれば，現実にはもっと個別的で，時に社会規範との葛藤にもがく人生をも救っているはずである。テレビドラマというフォーマットの限界はあれど，アイドル楽曲によって啓発された自己が行き着く先については，その多様性が保証されるべきだ[12]。

　グレイシックが指摘したように，ポピュラーミュージックは多機能的でありうる。異なる年代，異なるジェンダー，あるいはそうした諸々の属性のちがいを飛び越えて，それぞれに異なる人生に対して，別の響き方をする。だが自己啓発は基本的に，全員に対してなんらかの上昇を求める発想である。そのため自己啓発メディアは，それぞれに異なるはずの人生に均質な価値観を押しつけ

12　いなだ易はフェミニズムとハロプロ楽曲におけるジェンダー表象の葛藤について論じる際に，2,000曲を超えるハロプロ楽曲が群として持つ多声性に注目している。一曲一曲は「ひとりの女性の生活を主観的に描く」スタイルであっても，それぞれの曲ごとに主人公像に変則的な差異が生じる。また多様なハロプロアイドルたちがそれぞれ異なる解釈で時代を超えて楽曲を歌い継ぐことでも，その差異が増幅されていくといなだは指摘する（いなだ 2022: 79）。いなだの指摘は，単一の規範に絡め取られることを逃れようとするハロプロ楽曲の特徴の一側面を言い当てている。

るものになりやすいという点に大きな注意を払うべきである。

　エンパワメントなのか，それとも異性愛規範ではない別の規範への束縛なの
か——実践的で日常的なものに関わりうる鑑賞行為だからこそ，この点につい
ては個々の事例を慎重に精査する必要があるだろう。

参考文献

Gracyk, Theodore, 2007, *Listening to Popular Music: Or, How I Learned to Stop Worrying and Love Led Zeppelin*, Ann Arbor: University of Michigan Press.

いなだ易，2022，「『ハロプロが女の人生を救う』なんてことがある？」香月孝史・上岡磨奈・中村香住編『アイドルについて葛藤しながら考えてみた——ジェンダー／パーソナリティ／〈推し〉』青弓社，72-100.

稲増龍夫，1999，「SPEEDにみるアイドル現象の変容——『異性愛』から『自己愛』へ」北川純子編『鳴り響く〈性〉——日本のポピュラー音楽とジェンダー』勁草書房，155-178.

香月孝史，2014，『「アイドル」の読み方——混乱する「語り」を問う』青弓社.

牧野智和，2012，『自己啓発の時代——「自己」の文化社会学的探究』勁草書房.

牧野智和，2015，『日常に侵入する自己啓発——生き方・手帳術・片づけ』勁草書房.

太田省一，2011，『アイドル進化論——南沙織から初音ミク，AKB48まで』筑摩書房.

Saito, Yuriko, 2007, *Everyday Aesthetics*, Oxford: Oxford University Press.

Terrone, Enrico, 2020, "Listening to Other Minds: A Phenomenology of Pop Songs," *The British Journal of Aesthetics*, 60 (4): 435-453.

◀コラム❹▶

芸術と日常のあいだで

青田 麻未

　1990年代後半に小学生だった私にとって，モーニング娘。をはじめとするハロー！プロジェクトのアイドルたちは選択の余地なく通る道のひとつであり，今でも当時振りコピをした『ハッピーサマーウェディング』や『ミニモニ。ジャンケンぴょん！』は踊ることができると思う。しかしその後アイドルについて特別な興味を抱くことはなくなり，次にアイドルに出会うのは大学院修士課程で美学という学問を学ぶ学生になってからであった。紆余曲折あって松浦亜弥の楽曲を聴き直すようになり，そのままリアルタイムでハロー！プロジェクトのアイドルたちのパフォーマンスを追うようになった。

　美学とは，私たちの感性のはたらきを明らかにしようとする学問である。この分野は長らく芸術作品の美的鑑賞をモデルケースとして発展してきたが，20世紀後半以降その主題はどんどん拡大しており，**第6章**でも触れたとおり現在では日常美学と呼ばれるサブジャンルも生まれている。私たちの日常における感性のはたらき一般に注目が集まっているのである。アイドルは，歌やダンスを中心とする芸能と捉えられるとき芸術へと接近する面も持つが，しかし同時にその鑑賞のされ方は狭い意味での芸術鑑賞の枠に収まるものではないだろう。ライブのようなある意味で「非日常的」な空間のみならず，動画やSNSなどのメディアを通じて私たちは「日常的」な空間においてもアイドルのパフォーマンスに触れることができる。

　芸術と日常のあいだとしてアイドルを捉えることは，芸術ともそれ以外とも割り切れないものに対して感性はどうはたらくのか，そしてそのとき，たとえば倫理的な問題など感性の領域を越え出る問題とはどのように接続されるのか，こうした大きな問題圏へと接続可能な発想が生まれる可能性がある。美学者がアイドルを扱う意義をこのように捉えつつ，アイドル研究に向き合っている。

第Ⅲ部

ファン研究の射程

第 7 章

語る方法としてのアイドル関連同人誌

関根 禎嘉

1 はじめに

　アイドルを成り立たせる要素のひとつにファンがある。あらゆる文化事象には観者（観客）が存在し，その観者がどのように事象を観ていたかを分析することは文化研究のアプローチ方法として有効なもののひとつである。このような研究はマスメディア研究の文脈でオーディエンス論と呼ばれ，本書の**第1章**でも触れられているとおりである。

　それでは，アイドルファンにどのようにアプローチすればいいだろうか。一般的にはアンケートやインタビューが考えられる。ソーシャルメディアの投稿分析も近年盛んである。本章ではもうひとつ，同人誌というメディアを対象とする方法を提案したい。

　同人誌と言えば，アニメやマンガの二次創作が想像されることが多かったが，コミックマーケット（コミケ）などの同人誌即売会で頒布（販売）される同人誌はそのようなイメージよりはるかに多様であることが理解されつつある。中でも評論・情報系と呼ばれるジャンルの同人誌は，作者の興味関心に応じたあらゆる事象を対象としており，これらのジャンルに特化した即売会が開かれマスメディアでも紹介されるなど注目が集まりつつある。

　ところで，同人誌とはそもそもどういったメディアなのか。『図書館情報学用語辞典 第5版』を引くと，同人誌はcoterie magazineの英訳が当てられ次の

ような語釈がある。

　　志を同じくする同好の人々が自らの作品の発表の場や情報交換の場とするために
　執筆，編集，刊行する逐次刊行物。リトルマガジンと対比されることがあるが，日
　本固有の形態と考えられる。（略）現在は，コミックやゲームを題材とする二次創作
　の同人誌が全盛である。流通範囲が会員組織内に限定されるものが多く，書誌コン
　トロールの対象になりにくい。（日本図書館情報学会用語辞典編集委員会編 2020: 170）

　これは一般的な定義といえるが，現在の日本の状況を正確に反映していると
は必ずしも言えない。たとえば三原鉄也 (2016) は，「即売会に留まらず，同人
誌や関連する商品を専門に取り扱う小売店やECサイトを介した同人誌の入手
も一般化している」と指摘している。「同人誌」を制作するのは集団に限ら
ず，個人であることも多い。つまり流通に会員組織というバックグラウンドを
持たないことが珍しくなく，即売会を中心とした市場を軸として読者のネット
ワークが形成されるのが現代日本の同人誌といえる。
　今般のコロナウイルス禍は即売会に深刻な影響を及ぼした。リアルイベント
としての即売会の開催が制約を余儀なくされ，同人誌専門印刷会社の経営難も
危惧された。その逆境の中で，インターネット上でオンライン即売会が実施さ
れたり，通販サービスが拡大したりしている。たとえば2020年5月2日〜5日
には東京ビッグサイトで開催予定だったコミックマーケットが中止になった
が，Twitterを中心に「#エアコミケ」として同日程で「開催」された。創作
マンガの即売会であるCOMITIAは2020年5月17日に開催予定だった
「COMITIA132extra」を中止し，代替として「エアコミティア」を開催した。
2022年8月現在，同人誌即売会は感染対策を施しながらリアルでの開催を再開
させている一方で，同人誌を取り扱うとらのあなは実店舗の多くを閉鎖し通販
の比重を高めているなど，同人誌文化の存続は目下模索されている状況であ
る。
　ところで，同人誌に似た言葉として，ミニコミ（誌）やZINEという言葉が
ある。社会学者の田村紀雄が1968年に発表した古典的著作『日本のローカル
新聞』によれば，ミニコミとは，1960年代の安保闘争における大規模で画一

的な情報発信を行うマスコミへの不満を契機にし，全国で同時多発的に生じた自主出版の一形態であるという（田村 1968: 319-324）。出版社が営利事業として行う出版とは異なり，個人または組織が自発的に制作・販売を行う。叙述家・翻訳家の野中モモは，「ZINE」を「個人または少人数の有志が非営利で発行する，自主的な出版物」とした上で，「誰もが納得する定義は存在しない」と論じている（野中 2020: 8-12bb）。

　ファンによる自主制作出版物は「ファンジン」と呼ばれる。これは「ファン・マガジン」の略であり，そもそも「ZINE」は「ファンジン」の略称であった。ヘンリー・ジェンキンズやジョン・フィスクらのファンダム研究の中でもファンジンは分析対象として重要視されている。

　いずれにしても同人誌とミニコミ，ZINE に明確な違いはない。どのように呼んでも，自発性に由来し，非商業的な出版・表現行為によって生み出されているがゆえに，"自分が何にどれだけ，どんな価値を置くのか"を如実に伝えることのできるメディアだといえる。

2 アイドル関連同人誌と「ジャンル」

　同人誌があらゆる事象を対象にしているということは，当然アイドルを扱った同人誌も存在する。しかし，そうした同人誌の全貌を明らかにすることは難しい。

　コミックマーケット準備会が節目で発行した記録集を紐解くと，まったく触れられていないわけではないが，その記述は断片的である。『コミックマーケット 30's ファイル』での同人誌作家の座談会では，作家がかつて "芸能ジャンル" で活動していたことが触れられていたり，『コミックマーケット 40 年史』でも同様に座談会での言及があり，その脚注で引用のとおり芸能ジャンルについて説明されたりしている。[1]

1　「サークル座談会 女性サークル編——Part 1 90 年代を中心にして」に参加している作家・硝音まやが，TM NETWORK を題材とした同人誌でコミックマーケットに参加した旨の発言をしており，脚注では TM NETWORK は「コミックマーケットの芸能ジャンルでも一時代を築いた」との記述がある（コミックマーケット準備会 2005: 102）。

　アイドルやアーティスト，芸人，俳優といった，実在する人物を取り扱うジャンル。広義では実写作品，舞台なども含むが，主には作品におけるキャラクターとしてではなく，演者やその集団自身について扱う場合に用いられる。アニメやゲームといった架空の二次元のキャラクターを扱うジャンルに対して，「三次元」，「ナマモノ」などと呼ばれることもある。（コミックマーケット準備会 2005: 102）

　しかし，このジャンルの内実——たとえば，取り扱われることの多かった芸能人は誰かなど——についてはほぼ触れられていない。ところで，ここで言うジャンルとは，コミックマーケットに出展するサークルに付与される区分を指す。主に頒布物が取り扱う題材によって設定される。両誌の巻末に付されているジャンルコード変遷表によれば，ジャンルの細分化が開始された直後の1987年夏に「音楽」のサブジャンルとして「アイドル」と「TV」が登場している。前者は1998年夏には「男性アイドル」になり，後者は数回の変更を経て「TV・映画・芸能」となって現在に至っている。隣接ジャンルとして「洋楽・邦楽」などがあり，これらを総合した呼び方が"芸能ジャンル"だと考えられる[2]。

　このように，比較的歴史のある"芸能ジャンル"であるが，その実態についてまとまった記述があまり見られないのは，コミックマーケット等の即売会で頒布される同人誌の多くが，実在の芸能人を題材に取ったパロディの性質が強いという点がその理由のひとつであると考えられる。これらの同人誌は引用したとおり「ナマモノ（生モノ）」と通称されるが，象徴的な用語としては「J禁」が挙げられる。これは同人誌の奥付等に見られ，題材となっている芸能人の所属事務所関係者に閲覧させることを禁じるための表記である。「J」は当然ジャニーズ事務所の頭文字であるが，表記において事務所名が明示されることはなく，これ自体がスラングであることもこのジャンルの性質を表していると考えられる[3]。つまり，あくまでルールを共有する同好の士だけで楽しむという同人誌の性質が強く表れているともいえる。また，これらの文脈で想定され

2　コミックマーケットのジャンルの変遷から頒布物の題材の変化を分析した研究には，たとえばゲームジャンルで行った堀内淳一（2019）のものがある。
3　「J」はスポーツにおいてJリーグを指すこともあった（大崎 2009: 140）。

る同人誌は，マンガの表現形態をとり，とりわけ女性の描き手による，男性芸能人を題材とするものが主であろう。女性芸能人を対象としていたり，文章が構成の中心となっていたりするものは周縁的存在であると考えられる。そうした同人誌，特に後者に類するものを制作するサークルは，コミックマーケットにおいては“芸能ジャンル”よりも評論・情報ジャンルを選んで出展することが多い。このジャンルでは，文章をメインとした表現形式が多く，対象とする題材もきわめて雑多である。数は決して多くないながら，アイドル関連は評論・情報ジャンルのひとつのサブジャンルを形成している。

　なお，ゲームやアニメなどから誕生した架空のアイドルは含まないこととする[4]。

③ アイドル関連同人誌の例

　ばるぼらと野中モモによる書籍『日本のZINEについて知ってることすべて』（以下，『日本のZINE』）は，雑誌『アイデア』で2014年11月から2017年1月にかけて連載された日本の自主制作出版物の歴史を追った記事をまとめたものである。第5章「2010年代のジン」の一項として，「アイドル・芸能」という見出しの下，11冊のZINE／同人誌が掲載されている（ばるぼら・野中編 2017: 204-205）。これは，女性芸能人・アイドルを題材とした同人誌を，商業流通する出版物で数ページとはいえある程度主題化して紹介している点で貴重であるため，本節のレファレンスとして用いることとする。ここではその中から（主に筆者が私蔵しているものを）筆者の短評とともに数冊紹介したい。なお，同人誌はその性質上発行・制作したサークル（集団）の名義を著者名同等のものとして扱うことが多いので以降の記述では注意されたい。

　◦トモコ＋宗像明将＋宗像郁＋naoco『GO! GO! Perfume』……2010年刊。今や世界的アーティストとなったPerfumeをインディーズ時代から追いかけていたファン

4　アイドルとの隣接領域に声優がある。声優に関する同人誌はコミックマーケットでの出展サークル数から類推するとアイドルを題材としたものよりも多く頒布されていると考えられるが，比較検討は今後の課題としたい。

たちによる1冊。エッセイとアンケートという構成はファンブック的であるが，あるファンの死を契機として制作された点が特筆すべきであろう。

◦ ミライシリーズ『推しメン最強伝説』ISSUE 1……2011年刊。3人がマンガを競作した冊子。執筆者のひとりであるナカGはアイドルファンとして創作活動を行っていたが，これに掲載された作品を契機にアイドルのCDジャケットやグッズなどにイラストを提供したりライブイベントを主催したりするなど，活動の幅を広げることになった。同じく執筆者の鈴木詩子は『アックス』やウェブ媒体で作品を発表している。

◦ close/closs『Pink Hearts Black Moons』#05……2012年刊。ももいろクローバーZについてのエッセイが書かれた65mm四方の紙片が透明の樹脂製ケースに包まれているという特殊な形態を持つが，このように大量生産では難しいものを作ることができるのも自主制作の特色のひとつである。

◦ No Knowledge Product『What Is Idol?』vol.8……2012年刊。当時のアイドルフェスの盛り上がりやいわゆる地下アイドルシーンの充実をダイレクトに反映した1冊。ライブレポート，ディスクレビューからアイドル関連書の書評，映画評まで盛り込まれており，アイドルという事象を商業的な情報誌を擬したフォーマットで総合的に捉えようとした姿勢が見て取れる。

◦ 少年コレクション『少年コレクション』vol.2……2013年刊。ジャニーズファン女性による1冊。「担降り」と呼ばれる，「担当を降りる」すなわち応援する対象のメンバーを変えることをエッセイやアンケート，座談会という切り口で1冊まるごと特集している。2012年発行のvol.1の特集は「自担」。オタク女性を中心に，自らの「推し」について積極的に語る現在のムーブメントに直接つながる初期のひとつと言えるだろう。

◦ 宇佐蔵べに『うさべにZINE』その6……2016年刊。2021年現在もアイドルとして活動する著者自らによるZINE。2010年代末からのZINEブームの影響もあり，グッズとして手製のZINEを販売するアイドル・パフォーマーは少なくない。

　この項では，2010年代に発行された同人誌が紹介されている。この時期はライブ活動を行う女性グループアイドルシーンが活況を呈し，「アイドル戦国時代」と呼ばれた頃と重なる。アイドル関連同人誌の盛り上がりはその現象の

一環だと思われるが，より慎重な検証が求められる。

❹ アイドル関連同人誌と即売会の関係

　前出『日本のZINE』は編年的にテーマを設定した上で編者が収集した資料を紹介している。第2章「80年代のZINE」の76〜77ページには「ポップス」という見出しのもと，10冊の同人誌が紹介されている（ばるぼら・野中 2017: 76-77）。その中でも『よい子の歌謡曲』は特筆すべき存在である。投稿誌を標榜するこの出版物は，1979年に創刊し，物理的な編集部を構え1991年まで活動し刊行回数は約50回を数えた。ピーク時には8,000部を発行し，準商業誌とも言える規模の活動を行っていた。創刊の辞では"歌謡曲を語るのは，本来歌謡曲が大好きな僕たち歌謡曲ファンがやるべきことだ。"と謳い，自発性が強調されている（宝泉薫＋ファッシネイション編 2002: 10）。活動を回顧した書籍『歌謡曲という快楽――雑誌『よい子の歌謡曲』とその時代』に掲載されたスタッフ座談会では，『よい子の歌謡曲』が，70年代に次々に創刊された，ミニコミに出自を持つ雑誌の影響を受けて誕生し，いわゆる「アイドル冬の時代」の中で終焉を迎えたことが語られている（宝泉薫＋ファッシネイション編 2002: 199-204）。

　『日本のZINE』のこのページには立教大学歌謡曲研究会，日本大学法学部アイドル研究会の大学サークル誌も紹介されており，こうしたサークルは90年代以降も活発な活動を続けた。サークルで会誌の制作・編集に携わり，その後商業誌や業界へと活動の幅を広げた者も多いとされる。

　このような同人誌を現代のアイドル関連同人誌の源流とみることは可能であるかもしれないが，その前に前節で取り上げた2010年代の同人誌との間，つまり90年代半ばから日本社会に普及したインターネットの影響を考慮しなければならない。『日本のZINE』のばるぼらと野中の対談では，1997〜99年ごろにテキストサイト（個人が運営する文章を中心としたウェブサイト）ブームが起こったのち，2000年代にインターネットを表現の場としていた者たちが紙，すなわち同人誌（ミニコミ誌）を活動の場に広げたことが指摘されている（ばるぼら・野中編 2017: 154-156）。またその対談でばるぼらは，批評家の東浩紀が2001年に『動物化するポストモダン』を発表して以降，"現代思想とか文化研究，

社会学の言語でオタク文化を語る動きのメジャー化"がネット上で起こり，その流れから批評系同人誌が生まれたことについて触れている。

　それら批評系同人誌の流通において，2002年に始まった文学作品の展示即売会である文学フリマは大きな役割を果たした[5]。2008年11月の第7回文学フリマでは参加者が売り上げを競うイベント「東浩紀のゼロアカ道場」が開催され，500冊以上が売れたサークルが相次いだことを，文学フリマの代表を務める望月倫彦は「事件性があった」と表現している（ばるぼら・野中編 2017: 307-309）。その影響もあり，批評を主眼にしたテキスト中心のアイドル関連同人誌が文学フリマで多く頒布されることとなった。ムスメラウンジ『アイドル領域』は2009年から発刊を開始し，2013年まで6巻を重ねた。事実上の最終号となったVol.6は特集を「演じる」とし，総論・エッセイも含めた計11本の論考を収録している（図7-1）。なお主宰である斧屋は，2022年現在はパフェ評論家として活動している。幹線空港『socigoto』もアイドル批評誌を標榜し，2013年発行のVol.4では女性アイドルを歴史学，ジェンダー論，経済学など文科系諸分野の見地から読み解こうとする8編が収められている。チロウショウジ『指原莉乃に会いに行く』（2013年発行）は，指原莉乃の熱心なファンが1年間の活動を総括したり，彼女に由縁のある土地をめぐったりといった比較的ファンブックに近い内容がメインであるが，批評家の濱野智史が寄稿しているなど，この流れに位置づけてよいだろう。前出の『What Is Idol?』も，批評色はそれほど強くないながら，文学フリマを主な頒布の場としていた。

　同人誌にとって，即売会は単なる販売の場ではない。制作者と読者の交流の場であり，同人誌を制作する大きなモチベーションを与える機会でもある（ボランタリーに活動している同人誌制作者にとって，即売会という「締切」の存在はきわめて大きい）。どの即売会で頒布を行うかの決定は，刊行時期だけではなく，内容や読者像にも大きく影響する。すなわち，多くの同人誌は，どの即売会で頒布を行うかを織り込んだ上で制作が始められているといえる。

　さて，そうした即売会の代表が，繰り返すが1975年に誕生したコミックマーケット（コミケ）である。コミックマーケットは，アイドル関連同人誌が頒

5　公式ウェブサイトには，"「自分が〈文学〉と信じるもの」が文学フリマでの〈文学〉の定義です。"と宣言されている。

布される最大の場である。ただし，膨
張し続けるコミックマーケットの中に
あって，このジャンルは中心的なもの
でないことは第2節で言及したとおり
である。

図7-1　ムスメラウンジ『アイドル領域』Vol.6

　そこで触れたように，コミックマー
ケットで頒布されてきたアイドル関連
同人誌はマンガを表現形式の中心とし
たものが多いとみられる。アイドルを
アニメ・ゲーム等のキャラクターと同
様に扱い，主にマンガでストーリーを
表現するものである。それは（一次創
作である）実在のアイドルのパロディ
（時に性的描写を含む）であり，女性向け
であればとりわけ「やおい」と呼ばれ
ることがある。

　女性アイドルを主題とする場合も，グループアイドルのメンバー同士の関係
性（いわゆるカップリングなど）を想像したり，メンバーが出演したドラマを題材
にしたりするもの（2010年のAKB48主演ドラマ『マジすか学園』放送時には関連の同人
誌の頒布が顕著だった）などが目立つが，内容は当然多岐にわたっている。小説
が発表されることも多い。

　マンガによるパロディが多くなることは，コミックマーケットの出自から考
えてきわめて自然なことである。一方，文学フリマで多く頒布されているよう
な批評メインの同人誌は，コミックマーケットでは評論・情報ジャンルで頒布
されることが多い。このため，同じグループアイドルを題材にした同人誌であ
っても，出展日も配置（頒布するサークルの出展位置）も異なるということが起こ
りうる。

　いずれにしても，同人誌のあらゆる表現には作り手のまなざしが反映されて
いる。アイドルの観客である作り手が，そのアイドルをどう見ているかを，
様々な方法で語っているのがこれらの同人誌である。

5 アイドル関連同人誌の分類を試行する

　さて，本節ではここまで触れてきたアイドル関連同人誌の分類を試行する。分類の方法は本節で挙げるものだけではないし，同人誌の慣例に従えば題材とするアイドルで分類することが自然ではあるものの，ファンの語りを表現するメディアとしての利用に資すると考えられるいくつかの分類を提案する。

　まず内容に注目すると，「評論」「創作」「ファンブック」という分類が考えられる。評論は，アイドルという事象を対象にした論考やエッセイを中心としたものである。創作は実在のアイドルを題材にしたマンガや小説などの作品を指すものとする。特定のアイドルを明示していなくても，実際のアイドルシーンを反映したものもここに含む。ファンブックはファン活動の一環として制作されたもので，表現形式はエッセイやアンケート，イラストなど多岐にわたる。これらは「ファンブック」を標榜していることも少なくなく，SFや音楽など他のジャンルでファンジンと呼ばれているものに近い。

　他方，表現形式に着目すると「文章中心」「マンガ・イラスト中心」「写真中心」のような分類が可能だろう。第3節・第4節で取り上げたものの多くは文章を中心とする同人誌が多い。アイドルを被写体にした写真集形式の同人誌も見られる。

　作り手に着目すると，制作主体が個人なのか集団なのか（主宰者のみのサークルは個人サークルと呼ばれる），その立場がファンなのか，それともアイドル活動を行っている本人や芸能事務所などの関係者なのかという軸がありうる。アイドル本人が制作に関与する同人誌は，「ファンの語り」を伝えるメディアという本章における同人誌の定義から外れ，むしろアイドルグッズと呼ぶほうが適切かもしれないが，自主制作の出版物である限りにおいて同人誌でないと言うことはできない。同人誌かどうかの境界は曖昧であるし，自主的に出版物を制作するという行為において，ファンとアイドル本人との連続性を見出すことができるかもしれない。

　第4節で取り上げた『よい子の歌謡曲』ならびに『アイドル領域』『socigoto』『What Is Idol?』は，集団／評論／文章中心の同人誌といえる。『指

図7-2　WAIWAIスタジオ『勝手にグラビアアイドル評』

図7-3　強い気持ち・強いしらす『尊いのは推しだけではない』

原莉乃に会いに行く』は寄稿者が多いが，個人／評論／文章中心と分類するの
が妥当だろう。個人による，つまり執筆者がサークル主宰者本人のみの評論／
文章中心の同人誌として，ひとつはWAIWAIスタジオの新田五郎による『勝
手にグラビアアイドル評』（2016年発行）を挙げる（**図7-2**）。主にマンガ評論で活
動する新田のこの同人誌は同年に続編も発行された。主にお笑い芸人を対象と
した評論同人誌を精力的に発行している，強い気持ち・強いしらすの手条萌に
よる『尊いのは推しだけではない』（2018年発行）は，「推し」という言葉で表
されるファンの心理および行動について1冊にわたり考察を繰り広げている
（**図7-3**）。アイドルちゃん握手のアンチッチによる『SGO48を巡る社会主義の
国でのアイドルのありかた』（2018年発行）はベトナム・ホーチミンシティに誕
生したSGO48を追ってベトナムへ渡航した際のレポートである（**図7-4**）。白黒
コピーを2つ折りしホチキス留めした非常に簡素な冊子であり，商業出版物に

6　執筆者がサークル主宰者本人1名のみ，つまり個人サークルによる同人誌は個人誌と呼ば
　れることが多い。

図7-4　アイドルちゃん握手『SGO48を巡る
　　　　社会主義の国でのアイドルのありかた』

図7-5　Kafly『カフリアイドルカルテ』

はまず見られない体裁と装幀だが，同人誌即売会ではしばしば目にする形態である[7]。

　Kafly『カフリアイドルカルテ』（2011年発行）は，「同人系アイドル紹介マガジン」と銘打たれているフルカラーの集団による評論／イラスト中心の同人誌である。イラストとテキストでアイドルを紹介するフルカラーの誌面が目を引く（図7-5）。

　創作に分類されるものとして，はいあかむらさきの土岐つばめめによる『ネガティブアイドル恵野ちゃん』（2012年発行）がある（図7-6）。創作マンガとしてコミティアで頒布されたものだが，あとがきにハロー！プロジェクトをモチーフにしていると明記しており，ファンとしての目線が反映されている。『イラモニ』シリーズは，匿名掲示板・2ちゃんねるのモーニング娘。（狼）板の「イ

7　コピー印刷で作られた同人誌はコピー誌と呼ばれることがある。同人誌即売会では即売会
　　実施中にコピー誌の製本作業を行うサークルを見ることも珍しくない。表現手段としての
　　同人誌の手軽さを如実に表している形態である。

図7-6　はいあかむらさき『ネガティブアイドル恵野ちゃん』　　図7-7　『イラストモーニング。2007 SUMMER』

ラストモーニングスレッド。」に集ったハロー！プロジェクトのファンがマンガ・イラストを寄稿するアンソロジーとして始まり，2007年から冊子の制作と頒布を続けている（当初の名称は『イラストモーニング。』）。集団による創作／マンガ・イラスト中心の同人誌といえる（**図7-7**）。

6 おわりに

　ここまで紹介してきたアイドル関連同人誌はあくまで事例にすぎず，事象を網羅したものではない。コミックマーケットで頒布された同人誌は明治大学米沢嘉博記念図書館に所蔵され（山田 2012），文学フリマであれば見本誌が日本大学芸術学部文芸学科に寄贈されており（常川・小野・岡野・谷村 2018: 314-317），研究目的での利用が可能だが，アイドルに関連した同人誌を手軽に抽出し閲覧できるようにはなっていない。アイドル関連同人誌のリスト作成ができれば，それはアイドルについての語りのアーカイブを形成する一端となりうる。

　本章で述べてきたとおり，ファンが語りを表現する方法として，同人誌は原理的には手軽な方法であるため，語りを記録するために有効な実践である。インターネットではその手軽さゆえ，日々夥しい語りが繰り広げられているが，その保存性に課題があり，保存し継承するための方法論が確立しているわけではない。TwitterやFacebookらの巨大プラットフォーマーが，投稿ログをいつまでもエンドユーザーに利用可能なままにしておく保証はない。それに比べ，紙媒体を制作することは原始的ながら確実な方法である。即売会で頒布すれば，即売会主催者が保存する可能性があるし，入手した者の手元に保存されていくかもしれない。なにより制作者自身がモノとして保有することができる。

　あるいは，同人誌として発刊することが商業出版の市場で広く流通する端緒になることもある。マンガ業界では即売会が新人作家を「発見」する場として認知されているが，それはアイドル関連同人誌でも同様のことが起こりうると考えられる。第3節で言及したナカGはその一例であるし，オタク女性の消費行動をインタビューやアンケートでまとめた劇団雌猫『浪費図鑑』は，同人誌から発展し商業流通される図書として発行されたものである。

　コロナウイルス禍は同人誌文化に危機をもたらした一方，SNSと通販プラットフォームを組み合わせたインターネット上での頒布は拡大した。オンライン通販がリアルの即売会を完全に代替しうると認めることは困難だが，データのダウンロード販売も含めて，同人誌の入手性自体は高まったと言えるかもしれない。いずれにしても同人誌を取り巻く状況は激しい変化のただ中にある。

　本章は個人的に収集してきたアイドル関連同人誌に依拠した小論だが，このような個人の営みによりアイドル関連同人誌というコンテクストを掘り起こすことができると強く主張したい。関連同人誌のリスト作成や整理分類を進め，この蓄積の輪郭を明らかにしていくことが今後の課題である。そして，ファンの語りを伝承するメディアとしての同人誌への注目が増し，願わくは同人誌という形態でより多様な語りが生まれることを筆者は期待している。

参考文献

ばるぼら・野中モモ編，2017，『日本のZINEについて知ってることすべて　同人誌，ミニコミ，リトルプレス──自主制作出版史1960〜2010年代』誠文堂新光社.

コミックマーケット準備会編，2005，『コミックマーケット30'sファイル』コミケット.

コミックマーケット準備会編，2015，『コミックマーケット40周年史』コミケット.

劇団雌猫，2017，『浪費図鑑――悪友たちのないしょ話』小学館.

宝泉薫＋ファッシネイション編，2002，『歌謡曲という快楽――雑誌『よい子の歌謡曲』と
　　その時代』彩流社.

堀内淳一，2019，「ゲームジャンルの細分化と拡散からみた平成同人史」コンテンツ文化史
　　学会2019年度第1回例会～コンテンツとファンの30年：平成の終わりとこれから，秋
　　葉原アキバプラザEXルーム.

三原鉄也，2016，「ネットワーク環境におけるマンガの制作と利用支援のためのメタデータ
　　基盤に関する研究」.

日本図書館情報学会用語辞典編集委員会編，2020，『図書館情報学用語辞典　第5版』丸善出
　　版.

野中モモ，2020，『野中モモの「ZINE」――小さなわたしのメディアを作る』晶文社.

大崎祐美，2009，『腐女子のことば』一迅社.

田村紀雄，1968，『日本のローカル新聞』現代ジャーナリズム出版会.

常川真央・小野永貴・岡野裕行・谷村順一，2018，「文芸同人誌アーカイブ構築を目指した
　　データモデルについての検討」『情報知識学会誌』28（4）.

山田俊幸，2012，「米沢嘉博記念図書館の現在」『カレントアウェアネス』314.

イラモ同人企画まとめサイト，http://maimai3.sakura.ne.jp/iramo/（2021年8月20日閲覧）

第 8 章

アイドル文化におけるチェキ論

——関係性を写し出すメディアとして——

上岡 磨奈

1 はじめに

　本章ではアイドルファン向け商品の1つである「チェキ」について，そのメディアとしての特徴およびそれによって可視化されるアイドル（とファンによって形成される）コミュニティの現代的な特徴を検討する。

　ファンはアイドルのライブを楽しんだ後，千円前後の対価を支払いチェキ撮影の列に並ぶ。ライブを終えたアイドルは汗を拭き，化粧を直して再びファンの前に現れる。ファンとアイドルは他愛もない会話を交わしながら2人並んで写真を撮る。撮影したチェキをファンはその場で受け取り，2人は手を振って別れる。——このようなチェキ撮影をめぐる一連の光景は，現在のアイドル文化において一般的であり，アイドルのみならずコンセプトカフェやヴィジュアル系バンド，お笑いなど近接分野でも幅広く取り入れられている。

　ここでいうチェキとは，正確にはタレントとの2ショット写真などを富士フィルム株式会社のインスタントカメラ「チェキ（instax）」で撮影する行為とその写真のことである。近年はチェキがアイドルを象徴するかのように，アイドルを扱ったドラマや漫画ではチェキがキービジュアルに使用され（**図8-1**），アイドルファン向けとされるキャラクターグッズの一部にもチェキ用商品が登場している（**図8-2**）。

図8-1　NHKドラマ『だから私は推しました』　図8-2　『推しが武道館いってくれたら死ぬ』Tシャツ

出所：番組公式ウェブサイト。2019年7月27日〜9月14日放映。

出所：とらのあなウェブサイト（メーカー：コスパ）。

　ファンとの親密な（またはそのように見せる）コミュニケーションは，アイドルの魅力や特徴と捉えられ，研究の場でも，インターネットを通じた生配信やSNS，そして握手会がそうしたコミュニケーションの直接的な場として挙げられてきた。しかし「チェキ」撮影については取り上げられることが少なく，コミュニティ外部からは実態の見えにくいイベントの1つであったのではないか。チェキとはそもそもどういう文化なのか，この86×54mmと手のひらに収まるほどの1枚の写真に現代のアイドル文化，ひいてはそれを愛好する人々を取り巻く社会の特徴を見出すことを試みる。

❷　チェキと握手会は似て非なるものであるか

　2010年頃より音楽ソフトなどに握手会への参加券を付けることで収益を上げるシステムが「AKB商法」と呼ばれ話題となった。アイドル研究においてもそうした握手会がもたらす利益や，そこで構築されるファンとアイドルの関係性について検討されてきた（太田 2011: 278; 板倉 2014: 30; さやわか 2015: 6など）。しかし，チェキについては存在に触れられることはあっても，チェキを中心に議論を深める研究はあまり存在していない。

　チェキ撮影も握手会と同様，売り上げに貢献し，ファンとアイドルの距離を近づけることでファンに当事者性を与える装置といえるだろう。そういった意

味では，チェキだけを殊更に取り上げて分析する必要はない。しかし，チェキ撮影を取り巻く事情やその現場を観察すると握手会との類似点はあるが，少なからぬ違いもあることがわかった。

2.1　共同作業としてのチェキ

以下に記述するのは，2009年以降の筆者による観察および2019年に行ったオンライン調査，インタビュー調査から得られたデータによるチェキ撮影行為についての詳細である。[1]撮影までの手順は以下のとおりである。

撮影チケット（チェキ券，特典券など）の購入 → 撮影列に並ぶ → 撮影 → サインやトークなど交流の時間 → チェキを受け取る（**図8-3**）

チェキを撮影するためには，多くの場合，ライブやイベント会場内の物品販売（物販）スペースで参加券に相当するチェキ券や特典券などを入手する必要がある。入場料とは別に，1枚の撮影に対して1,000円から2,000円ほどを支払う（より安価または高価に設定されている場合もある）。物販スペースおよび撮影を行う特典会はライブハウスなどの会場内であればロビー，ラウンジ，終演後であればフロア，ステージ上，他に付近の駐車場や公園，スタジオなど様々なところで行われる。特典会会場では，チェキ撮影希望者を集めてスタッフが整列をし，最後尾の希望者（ファン）がそれを示す札を持っていることが多い。アイ

1　同調査の詳細および同調査による研究は別稿に示している（上岡 2021）。いずれの調査も対象は，「日常的に有料の『チェキ』撮影会が開催されているライブやイベントに参加したことがある」人で，イベントのジャンルは不問とした（主に女性アイドルであったが，男性アイドル，男装アイドル，男性俳優，ヴィジュアル系バンド，メイド，声優の名前を挙げての回答もあった）。ただし1回答につき1人または1グループ（応援している対象）を想定して回答（対象を変えての複数回答は可）するものとした。これは対象によって撮影手順やルール，関係性や距離感，個人のこだわりなどが異なることを想定し，複数の事例が同時に語られることを避け，回答が円滑に行われるためである。また「チェキ」は富士フイルム社のインスタントカメラ「チェキ（instax）」を用いた2ショットまたはグループショット撮影のみを指すこととし，回答者を含まないアイドルのみの1ショットやグループショット，手持ちのカメラや携帯電話，スマートフォンでの撮影は「チェキ」としないことを明記したが，「チェキ」を撮らず，手持ちのカメラなどで撮影を行っている人を排除する目的はないことも併記した。

図8-3　筆者撮影チェキ

出所：2021年3月撮影。

図8-4　特典会会場のイメージ図

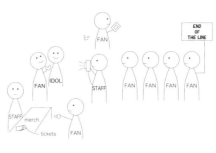

出所：筆者作成（Kamioka 2021）。

ドルは列の先頭から数歩進んだところに待機していて，撮影は列に並んでいる他のファンからも見えるところで行われる。撮影場所には仕切りなどは特に設置されない[2]（**図8-4**）。

　交流時間の長さや撮影したチェキへのサインなどの有無は，各アイドルによって設定が異なるが，撮影に伴ってアイドルと短い会話を交わすことがほとんどの場合可能である。撮影時間が決まっている場合はタイマーなどで撮影時間が管理され，スタッフやアイドル自身から声をかけられて終了時間を知らされる。そして撮影したチェキを受け取ってすべてが終了する（その場ではなく後日サイン済みのチェキを受け取る場合もある）。撮影に要する時間は1分前後，長い場合でも3分以内である。また撮影時，どのようなポーズで撮影するかということをアイドルから聞かれる，またはファンから指定することがあり，ポーズ指定についてのルールもアイドルごとに定められている。[3]

2　調査協力者によればヴィジュアル系バンドの場合，2ショットチェキ撮影の際には必ず仕切りが用意され，外からはその様子が見られないようになっているという。

3　2019 年に出版されたチェキポーズ集には，注意書きとして「それぞれのツーショットチェキ撮影ができる現場（特典会，終演後物販，撮影会など）においては，独自に定められたレギュレーションがあり，『接触可，接触NG，指定ポーズのみ』など，その対象や場所に応じて流動的かつ千差万別です。必ず事前にレギュレーションを確認した上で，現場でもルール

　握手会と比べてチェキ撮影の場合，会話以外にも写真撮影とそれに伴ってポーズをとる行為など言語を介さないコミュニケーションの時間も主となる。つまりチェキ撮影はアイドルとファンの共同作業の上に成り立っており，握手会とは別種のコミュニケーションであるといえる。これをふまえて筆者は，撮影を通じた共同作業によって関係性を強化する，メディアによって関係性を可視化することがチェキの機能的側面であると論じた（上岡 2021: 135-159）。では，共同作業によって示される関係性とは具体的にどのようなものか。

2.2　関係性を記録するメディアとしてのチェキ

　以下，チェキについてのトークイベントAに参加していたチェキ撮影を愛好するファンから得られた証言を元に，チェキに記録される関係性について検討する。2020年東京都内で開催されたチェキ愛好者によるトークイベントに参加し，主催者および参加者に話を聞いた。参加者は数十枚から数千枚のチェキ撮影経験を持つ愛好者で，チェキ撮影にまつわるエピソードなどを自由に語った。撮影相手はアイドルに限定されず，他にメイドなどのコンセプトカフェ店員（キャスト），タレント，モデルなどが含まれていた。相手の職業や肩書きによって撮影方法や手順が異なる場合もあるという点については留意すべきだが，同調査ではチェキ撮影そのものを楽しむという場面に焦点を当てた。

　Aでは頻繁に，参加者それぞれがかつて撮影したチェキに対して互いに「良い」，「悪い」という評価が交わされた。その判断基準の1つとして，写っている2人の「関係性」がどう写っているかが挙げられた。つまり写真から関係性が「見える」チェキは，「良い」チェキだと感じると参加者らは言う。それらはポーズや表情にあらわれているといい，お互い協力しなければ実行できないようなポーズを双方が楽しそうに行っている，リクエストに応えて普段見せない珍しい表情をしているなども，信頼関係の成果として「良い」チェキと評されていた。また，特にポーズ指定をせずに一体感のある様子が写されているチェキもこれに該当するという。

　こうした関係性の重視は，撮影の動機にもあらわれている。チェキを撮影す

とマナーを遵守しましょう」（七瀬 2019a: 8, 2019b: 8）と書かれている。

る相手を選択する際に，容姿よりも実際に対面した上での印象が優先されると話す参加者に対して，複数の参加者が同意した。それは同じ相手と定期的に何度もチェキを撮影することを念頭に置き，コミュニケーションの楽しさとチェキ撮影を継続して行うことが相互に影響しあうことを意識しているからであるという。「良い」チェキを撮影するため，厚い信頼関係を築くことが可能であると予測される相手を選択するといえば極端であるが，相手との関係性をチェキに残すことは撮影の楽しみの1つであり，コミュニケーションとして成立することがチェキ撮影の前提として期待されるといえるだろう。

　さらに，後から見返す行為を誘発するチェキもまた「良い」チェキだと参加者らは語る。愛好者にとって，撮影を通じたコミュニケーションおよびそこに写し出される関係性を写真から振り返ることができるのはチェキの魅力の1つである。同様の行為はカメラやスマートフォンでの撮影によっても可能であるが，まずチェキによってのみ2ショット撮影を許可されているという限定的な状況にある場合には，結果的に関係性を示す写真がチェキに限定されてしまう。そしてチェキの写真としての特徴である一回性，偶発性ともコミュニケーション行為は相性がいい。

❸ チェキの不便さが示すアイドル文化の特徴

　チェキのようなインスタント写真は写真でありながら基本的に複製不可能であり，モノとして物理的に存在するという点で一回性を持つ。この特徴はアイドルが扱う商品として実用的でもあるといえる。岡島紳士らによれば「週に何回ものイベントに出演」するアイドルは，「少数の熱心な固定ファンから“狭く，太く”収益を上げ，資金を回収し活動を続けていく」（岡島・岡田 2011: 15）ことになる。大坪ケムタらはマネジメントの立場から「できるだけ毎回物販にきてもらうためには，その都度違うグッズが必要。その最たるものがチェキになります」（大坪・田家 2014: 91）と語る。頻繁に新しい商品を用意することで固定のファンの満足度を保ちつつ，活動資金を得ることを目指す上で，写真撮影と交流という体験をモノの形式で持ち帰ることができるチェキは商品として利便性が高い。またインスタントカメラの特性から，チェキによって撮影された

写真は決して画質が良いとはいえず，デジタル写真が主流の時代に逆行する商品であるともいえるが[4]，そうしたチェキの不便さは魅力の1つにもなりうる。

3.1　技術的な変化の無さ

　同カメラの初代機「instax mini 10」[5]が発売されたのは1998年11月，フィルムがカードサイズであることが最大の特徴であった。発売当時『写真工業』に掲載された「試用レポート」では，「写真をいつも持ち歩き，見せたり，あげたりするプリクラ世代のユーザーを意識したに違いないが，小さくなって値段も安くなったのはうれしいかぎり。このカメラによって，インスタント写真のお手軽さはアップしたといえそうである」（北原 1999: 12）としてサイズと値段の両面でその新規性を評価している。

　チェキ登場以前は，ポラロイド社のインスタントカメラ（以下，ポラロイド）での2ショット撮影がアイドル，グラビアアイドル，AV女優などのファンを対象とした商品，特典として2000年にはすでに一般的であったが，サイズおよび価格の手軽さ，また2008年のポラロイド生産終了に伴い，機器はチェキへと移行していった（七瀬 2019b: 124）。「instax mini」シリーズはデザインの多様化，軽量化，フラッシュの高性能化などを経つつも2015年10月発売の「instax mini 70」まで基本的な仕様をほとんど変えていない。つまり写真としてのチェキは20年前から大きな変化を経ることなく，仕様や画質をそのままにアイドルとの交流手段として導入され続けているということになる。

3.2　偶発性と複製不可能性

　また「instax mini 70」の場合，標準モードで撮影距離は0.6 ～ 3m，フラッ

4　2017年5月発売の「instax SQUARE SQ10」以降，「デジタル画像処理技術」が搭載されたがアイドルの物販でこのデジタル機能付きのチェキ機を導入している例は少ないと考えられる。これについて具体的な調査データはないが，商品としてのチェキ撮影には時間制限があり，デジタル処理の時間は不要であると考えられ，またコストの面からもアイドル物販で重視される機能ではないと推測する。

5　「チェキ」は同機の愛称とされており「CHECK IT の略した造語で若者の間で使われているそうだ」（『日本カメラ』1998年12月号, 115ページ）。なお1998年10月には秋元康プロデュースのアイドルグループ，チェキッ娘が結成されている。

シュ撮影距離は0.3 〜 2.7mだが撮影場所が広くないため，だいたいバストアップからちょうど全身が写るくらいの画角で撮影される。しかしカメラの性質として，ファインダーで定めた画角と印刷された画像には差が生じやすく，機器の個体差もある。そのため，失敗や思いどおりの画像にならないこともある（七瀬 2019b: 123）。明らかに商品として成立しないような場合は，撮り直しを申し出ることが可能だが，撮影に際して明るさや写り，構図についてはこだわることがほとんどできない。よってチェキ撮影はある程度偶発性に任せて行われる。

　撮影のための時間もスペースも限られた中で，成果物としての写真そのものの完成度はあまり高くないが，ゆえに「良い」チェキの価値は高くなる。撮影したチェキは唯一無二の存在であり，紛失したら二度と入手することはできず，一緒に写っているアイドルでさえも同じ写真を所有することはできない。アイドルがチェキにサインやメッセージを書き込むことでそのオリジナリティと商品価値はさらに高まる。チェキ撮影に伴うコミュニケーションとその土台とされるアイドルとファンの間の関係性が一見すると不便なメディアに残されることによって，その複製不可能性を強調する。それはライブパフォーマンスを中心としたアイドル文化においても据わりがよく，チェキによって現在のアイドル文化の特徴が可視化されているともいえるだろう。

４ おわりに

　これまで研究の場やメディア上では，アイドルとファンの間のコミュニケーション手段として，握手会が主と捉えられていた。しかし一歩アイドル文化の内側に足を踏み入れると，実際には「チェキ」がその役割を担うツールとして象徴的に扱われていることがわかる。チェキ撮影では言語でのコミュニケーションのみならず身体的な接触，それによる共同作業が行われており，写真に残るのは両者の関係性を含む2人が過ごした時間である。つまりチェキによって

6　画像が現れない，極端に暗い，または明るく画像を判別できない，極端にぶれたりボケたりしている，アイドルが目をつむっているなど。取り直しは後日になることもあり，その日，その瞬間のチェキを撮る機会は失われることもある。

商品化されているのはアイドルとファンのコミュニケーションそのものである。またそれは複製不可能なアイドル本人のパーソナリティによって成り立つものである。

　西兼志はAKB48以前のリアルとしてアイドルを含む多くの歌手を輩出した『スター誕生！』，おニャン子クラブを生み出した『夕やけニャンニャン』，そしてモーニング娘。誕生のきっかけとなった『ASAYAN』といったテレビのオーディション番組をその例に挙げながら，アイドルに求められる資質や能力はステージ上のパフォーマンス能力に限らないとした。「そこで審査されるのは，なにも歌唱力やダンスなど，パフォーマンスにとって必要な能力だけではありませんでした。そのようなパフォーマンス以外の能力こそがますます審査の焦点となっていったのです」（西 2017: 123）。こうした番組で提供された「リアル」について西は，フランスのリアリティ番組（リアルTV）『ロフト・ストーリー』（2001年〜）を対象に分析を行ったドミニク・メールの研究からこうした「リアルTV」にはオーディション番組の性格もあり，ここで「コミュニケーション能力」を評価された出演者が日本でいう「タレント」になっていくという事例がアイドルにも当てはまるとした。

　集団の中でのコミュニケーションにより，アイドルのパーソナリティはより明確になる。同様にファンとの関係におけるコミュニケーションも直接対峙することでよりパーソナリティが引き出される場となる。これを写真という手段で記録することで，ファンはアイドルが商品とするパーソナリティを物理的に受け取ることができると言える。漫画『推しが武道館いってくれたら死ぬ』の中で登場人物の一人，くまさはチェキについて「推しが自分のためだけに使ってくれたひとときを，保管できるんだぞ！」と語り，周囲を納得させている（平尾 2016: 41）。複製不可能なアイドルとの関係性を写し出すメディアとしてチェキはアイドルコミュニティの中で機能し，可視化されたアイドルとファンの関係性こそが現代のアイドルを特徴づけるのである。

参考文献

平尾アウリ，2016，『推しが武道館いってくれたら死ぬ 第1巻』徳間書店.
板倉昇平，2014，『AKB48とブラック企業』イースト・プレス.

上岡磨奈，2021，「アイドル文化における『チェキ』──撮影による関係性の強化と可視化」『哲學』第147集，135-159.

Kamioka, Mana, 2021, "Relationships Reinforced and Visualized Through Photo Shooting/Photography," SEAS Seminar: Affective Fan Communities, from Japan to the UK.

北原美子，1999，「試用レポート フジインスタントカメラ instax mini チェキ」『写真工業』1999年1月号，写真工業出版，12-13.

七瀬さくら，2019a，『〈推し〉が最高に尊くなるツーショットチェキポーズHANDBOOK』マイウェイ出版.

七瀬さくら，2019b，『#チェキの本──推しと撮るツーショットチェキポーズHANDBOOK』マイウェイ出版.

西兼志，2017，『アイドル／メディア論講義』東京大学出版会.

大坪ケムタ・田家大知，2014，『ゼロからでも始められるアイドル運営──楽曲制作からライブ物販まで素人でもできる！』コアマガジン.

岡島紳士・岡田康宏，2011，『グループアイドル進化論──「アイドル戦国時代」がやってきた！』毎日コミュニケーションズ.

太田省一，2011，『アイドル進化論──南沙織から初音ミク，AKB48まで』筑摩書房.

さやわか，2015，『僕たちとアイドルの時代』講談社.

「ZOOM IN INSTANT FILM 名刺大のインスタント写真」『日本カメラ』1998年12月号，日本カメラ社，115.

新型コロナウイルスとアイドル産業

上岡 磨奈

　近年アイドルはファンとの至近距離での対面イベントがその特徴的な芸能活動と見なされ，他人との接触によって感染リスクが高まるとされる新型コロナウイルス感染症の影響は，音楽産業，エンターテインメント産業のなかでも大きいと考えられていた。しかし，その動向をつぶさに観察すると，むしろどのジャンルよりも早い段階で「新しい様式」に対応していったのではないかとも見える。実際にライブやイベントの再開は非常に早く，2021年に入って以降はイベント開催頻度も公演数もさらに上がり，問診票の記入や手指消毒，発声禁止などの感染対策以外はほとんど元に戻ったような感覚すら覚える。もちろんアイドル業界が受けたコロナの打撃も大きい。しかし，この未曾有の事態に対応する記録は，芸能分野全般に前向きな示唆を与える。

　筆者は2020年3月30日〜4月30日，アイドルファンを対象にオンラインで「COVID-19（新型コロナウイルス感染症）とライブに関する調査」を行った（「新型コロナウイルスと音楽産業JASPM緊急調査プロジェクト2020」（https://covid19.jaspm.jp/）の一環として既報）。またこれをもとに追加調査を実施し，2020年1月から2021年10月までのアイドルと新型コロナウイルス感染症に関する出来事について記録した（刊行未定）。まだ今後の状況を予想することはままならないが，ここまでの記録のごく一部と筆者の見解をここに報告する。

　調査の結果，各アーティストがライブ活動休止を始めた時期は，2020年2月下旬から3月上旬，そして3月下旬に大きく分かれた。2月下旬というと2月26日には総理官邸で新型コロナウイルス感染症への対応についての議論があり，「全国的なスポーツ，文化イベント等」への言及から大規模なライブイベント，劇場公演の中止や延期が決まった時期である。大型のイベントではPerfumeやAKB48，ジャニーズ事務所所属アーティストのコンサートなどが同日の公演の即日中止，また同日以

降の公演について中止を発表した。そして3月下旬にもライブ活動の自粛や休止発表が相次ぎ，2020年4月7日に1回目の緊急事態宣言が出されるが，その段階ではすでにほぼすべてのイベントが開催を見送っていた。春休み期間中であったことから大型のコンサートやイベントも多数予定され，早期にライブの休止を決める，それとは逆にぎりぎりまで活動を続けると対応が二手に分かれた。ライブハウスでの感染報道など逆風のなか，その後各関係者はこの状況を生き抜く手立てを模索し続けてきた。

　同時に3月から4月にかけて，リモートライブも次々に開始された。加えて雑誌『Myojo』のバックナンバー無料配信を含めアイドル関連のオンラインコンテンツが数多く提供されるようになる。それまでYouTubeなどの動画投稿にはそこまで積極的ではなかったアイドルも，この時期を境にMVやライブ映像のみならずバラエティ要素のある動画も含めて動画制作が盛んになった。さらに2020年4月の段階で「生配信」の頻度が上がったという声が聞かれたが，生配信は新たに取り入れられたライブ活動等の代替ではない。数々の動画配信サービスを用いて，自宅などからアイドルがファンのコメントなどに答えながらフリートークなどを行うというのは元々アイドルファンにとってはお馴染みの光景であった。同サービスを利用しての無観客ライブ配信を始めるアイドルも多く，他分野のライブイベントよりも移行はある程度スムーズであったように感じる。またこうした生配信をベースにオンラインサイン会やオンライン特典会などの有料イベントやサービスも増加した。

　5月25日に全国で緊急事態宣言（1回目）が解除され，東京都では休業要請の緩和をステップ2に移行した時期からは，徐々に対面でのライブが再開されていった。たとえば大型の公演では，7月11日に「Hello! Project 2020 Summer COVERS ～ The Ballad ～」（中野サンプラザ）が初日を迎えた。同公演は「新しい様式」に合わせ，ハロー！プロジェクトに所属するアーティストがそれぞれソロでバラード曲の歌唱を行った。通常は数十人のメンバーが一堂に会し，全員，またはグループ毎や複数人での歌唱とダンスのパフォーマンスを中心に披露する公演であるが，この時は内容を大幅に変更したということになる。観客にも全員着席，複数枚の購入は不可（友人や知人，家族と並んで着席することができない），声援禁止，マスク着用，入場時に靴の裏を消毒するなどの「新しい」ルールが徹底された。こうした「新しいライブ様式」は，イベントや会場によって多少の差異はありつつもアイドル業界に定

着していった。

　再び緊急事態宣言（2回目）が出される2021年1月8日までには，1回目の緊急事態宣言中には延期を余儀なくされていた公演が動き出し，実施する方向に転換していった。この時期には，観客を入れての公演とオンライン配信とのハイブリッドと言える形式が定着していた。アイドルにとって音楽以外の面での商品である個々のパーソナリティや，ファンコミュニティを持続するファン同士の連帯，ライブ空間の醸成などオンラインコンテンツでは担保できないと考えられていた部分についてもアイドル産業に従事する関係者が知恵を絞りながら対応してきた（ジャニーズによるデジタルうちわやボイスチャットの案には素直に驚かされた）。

　2021年3月21日に再び緊急事態宣言（2回目）が解除されるまでに中止された公演もあったが，筆者は同年3月13日以降，ほぼ2019年の同時期と同様の頻度でライブイベントに参加することが可能になり，特典会の開催も再開するアーティストが目立った。もちろん，公演によっては感染状況や体調不良によって出演を辞退するアイドルもおり，出演者，観客，スタッフいずれも新型コロナウイルス感染症に対する不安を抱えたまま，それぞれの選択で開催，出演，来場を決めている。しかし業界全体は比較的早々に「開催」の方向に舵を切り，オンラインを含め，活況を呈していたように思う。

　一方で，終演後に出演した複数のアーティストから感染報告が相次ぎ，クラスター感染が疑われる公演もあった。また，マネジメントスタッフやプロデューサーの訃報も聞かれ，そのたびに驚きと悲しみに包まれながら感染が身近にあることを実感した。他にも通常どおりとはいかない状況下で，解散や卒業，引退を選んだアーティストも少なくはない。コロナが直接の原因ではなくとも，未曾有の事態に将来を案じ，また日々の芸能活動に対する疑問を抱く余裕が生まれたことによって，進退を考えるようになったという声も筆者の調査では聞かれた。しかし**第2章**で論じたように，休みなくアイドルであり続けなければならず，止まる隙のなかったアイドルにとって何かを考える機会となったのであるとすれば，その是非は問い難い。

　さらに加速度を上げ，発声を認めるなど「通常」へと向かっていくなか，ここで報告してきた状況は「いま・ここ」ではなくなり，人によってはすでに忘れ去られつつあるだろうと思う。しかし続いていく日々だからこそ，立ち止まって記録しておく必要があると強く感じている。

第 9 章

ファンの「心の管理」

──ジャニーズJr.ファンの実践にみるファンの「感情管理／感情労働」──

大尾 侑子

1 はじめに

　本書の**第3章**では，アイドルの感情労働が取り上げられた。一方，本章に与えられた課題は，「感情労働からファンはいかに語りうるか」というものである。この問いと対峙するにあたり，まずは2019年にNHKで放映されたドラマ『だから私は推しました』（作：森下佳子）を足がかりとしたい。同作の主人公は「いいね！」に翻弄され，偽りの自分を演じるOL・遠藤愛。彼女がひょんなことから地下アイドルグループと巡り合い，"歌ダメ・ダンスダメ・人見知り"のメンバー・ハナに自己投影するうちに，無縁であったはずの「オタク沼」へと落ちていく様子が描かれた。第1話は，そんな彼女が警察署の取調室で独白するシーンから始まる。

　　推してってわかりますか？　推薦の"推"に"し"と書いて，推しです。推薦したい人，応援したい人。／テレビに映った時にワーキャー言うレベルじゃなくて，お金も時間もガッツリかけて，この人を応援したいって／親友のような，妹のような，子どものような，分身？　ある意味，もう一人の，自分。（第1話，2019年7月27日放送）

　愛は現場での応援のほか，ハナの生活費を工面したり，大型フェス参加のための投票権を買い占めたりと，あらゆる方法で「推し」のために奮闘する。ブラックな労働環境で夢を叶えようとする地下アイドルはもとより，推しのために仕事を増やし献身的に支える主人公の姿は，一体どちらが「労働者」なのかと観る者に突きつけてくる。

　推すという行為の現代的諸相を素描したこの作品は，長らく「私的領域」における趣味・余暇活動とみなされてきたファン活動の「労働」的性質を問い直す上でも示唆に富んでいる。本章は**第3章**に続いて，社会学者のA. R. ホックシールドの「感情労働（emotional labor）」論をふまえ，ファンの「心の管理」について検討し，それがファンの「労働」をめぐる議論とどのように関わるのかを考えてみたい。

２　ファン研究の視点と本章の立場

2.1　感情労働が要求される「アイドル」

　2010年代以降，ポピュラーカルチャー研究や文化社会学などの領域では，アイドルを「労働」の観点から論じる動きがみられる。なかでも目に留まるのが，ホックシールドが『管理される心』（原著1983年）において提唱した感情労働の概念である（원&김 2012; 坂倉 2014; Lucaks 2015; Lee 2016; 竹田 2017など）。感情労働とはキャビンアテンダント（CA）やケアワーカー，債務者を脅す取り立て人など，賃金と引き換えに「公的に観察可能な表情と身体的表現を作るために行う感情の管理」，すなわち「自分の感情を誘発したり，抑圧したりしながら，相手のなかに適切な精神状態を作り出す」（ホックシールド 2000: 7）ことが求められる労働の性質を指す。

　他方で賃労働ではないものの，私たちは日常的に会議や葬式など，ある状況に適切とみなされる身振りや表情を作り（＝表層演技），あるいは自己誘発した感情を自発的に表現する（＝深層演技）ことを通じて，お互いの感情を差し出し合う「感情の贈与交換」に従事してもいる（同上: 39-40）。ホックシールドは賃金が発生する感情労働に対して，私的生活におけるこれらの行為を「感情作業」や「感情管理」（同上: 7）と呼んで区別している。

　たとえば竹田恵子は「女性ライブアイドル」の業務が感情労働的性質を持つ
とし，さらに女性というジェンダー特性ゆえにファンに対する「ケア労働」的
性質をもはらむと指摘している（竹田 2017: 129-130）。このように賃金が発生す
るアイドルの労働については感情労働的性質も含めて議論が活発化している
が，その反面，長らくファンの活動は私的領域における「消費（＝余暇活動）」
として公的領域の「生産（＝労働）」活動とは無縁のものとみなされてきた。

2.2　デジタル空間で「労働」するファン

　もちろんファンの献身性やファン活動を通じて得られる「生きがい」といっ
たポジティブな面を想起するとき，その活動を「労働」という言葉で捉えるこ
とには拒絶反応も生まれるだろう。しかし，現代社会における「ファン」とい
う存在を理解する上でも労働は重要な補助線であると思われる。冒頭のドラマ
が軽妙に描いたように，経済面・精神面ともにアイドルを献身的に支え奮闘す
るファンの振る舞いは，ファン活動の「無報酬労働free labor」性が前景化す
る現状を示唆してもいるからだ。

　とりわけ，デジタル空間における「推し」行為は，その典型だろう。伊藤守
は，人々がソーシャルメディア上でのつぶやき，感情や意見を発信するといっ
た反復的な行為を，「テクノロジーの側から見れば，デジタルネットワークを
駆け巡る無数の情報の束として，しかも剰余価値を算出するコミュニケーショ
ンという名の『フリー労働』として組織されている，とさえ見ることができ
る」（伊藤 2016: 26）という。事実，能動的に行為するファンは，いまや産業側
に「ソーシャルネットワークを使った収益化の最大のツールがファンダムだ」
（ブラナー＆グレイザー 2017: 207）と認識させるに十分な生産性を発揮し，経済的
利潤を生んでいる。そのため現代のアイドル文化においてはファンと企業の関
心が収斂することで［アイドル／ファン］，［労働／愛］といった区分が揺らい
でいるという指摘もある（Galbraith 2016）。

　こうした状況を受けて，ファン研究の領域では2000年代後半からファンを
たんなる「消費者」ではなく，価値の「生産者」とみなす議論が活発化してお
り，さらに2010年代にはデジタル・プラットフォームにおけるファンの実践
を低コストで膨大な価値を生み出す「デジタル労働」（Spence 2014）や「愛の労

働 love labor」たる「情動労働 affective labor」の事例とみなす動きも目立つ
(Gregg 2009; Galbraith 2016; Sun 2020 など)[1]。

　以上のように，デジタル技術の進展と「情動 affection」[2]がファン活動の労働
的性質を浮かび上がらせる鍵として注目されてはいるものの，「感情労働」の
視点からファン活動を実証的に捉える動きはみられない。そこで本章は，特定
の社会的役割（例：花嫁や母親など）が，ある一連の出来事にはどんな感情が適
切かについての基本線を規定するというホックシールドの議論に基づき（同上：
85），ファンが「ファン」という社会的役割の自覚のもとに遂行する感情管理
について探っていく。この試みを通じて，ファン活動における「私的」な感情
管理が，「公的」な感情労働につながりうるものであり，また両者が融解しつ
つあるさまを，デジタル技術の性質を視野に入れて明らかにしていきたい。

2.3　対象と方法

　調査対象者はジャニーズ事務所に所属するアイドルのファンで，その多くが
CDデビュー組のほか，「ジャニーズJr.」（以下，ジュニアと表記）を愛好する女性
である[3]。対象者はスノーボールサンプリングで抽出し，2019年3月から2020
年12月にかけて，22名のインフォーマントに半構造化インタビュー（各1時間
半から4時間）を行った（**表9-1**）。また紙幅の関係から割愛するが，2019年から
2020年にかけて複数のジャニーズアイドル，ジュニアグループのコンサー
ト，舞台などの現場で参与観察を行い，フィールドノートを付けた[4]。

　感情システムの公的／私的側面について論じるにあたり，「管理された感情
についての語り」が分析データになるというホックシールドの手法（同上：14）
を踏襲して，ファンの語りのなかでも「私が感じること／感じるべきこと」の

1　「情動論的転回」については伊藤守（2016, 2017）を参照。アイドル文化を「情動経済」の
　観点から論じたものに Jenkins（2006）や Galbraith（2016）などがある。
2　情動理論に大きな影響を与えたブライアン・マッスミは，テクストや記号によって個人の
　内面で整理された感覚である「感情 emotion」と，身体の基層となり,実在的な経験に先立っ
　て，感覚や知覚の残滓として看取される記号以前の「情動 affect」とを区別する。マッスミ
　の邦訳論文には 9.11 テロに言及した Massumi（2005）などがある。
3　本章内の「ジュニア」に関する語りはすべてインタビュー時点のもの。
4　参与観察の現場とその詳細については以下に詳述した（大尾 2021）。

表9-1　インタビュー調査の概要

記号	年齢	性自認	職業	対象（※インタビュー時点の情報）	実施日
A	30 代後半	女性	エンタメ系企業勤務	7 MEN 侍（中村嶺亜），嵐	2019/7/25
B	20 代前半	女性	大学生	Snow Man（佐久間大介），SixTONES，Hey! Say! JUMP	2019/8/1，8/12，2020/9/26
C	20 代前半	女性	大学生	嵐，Kis-My-Ft2，ジャニーズ Jr. 等，ジャニーズ全般	2019/8/1
D	10 代後半	女性	高校生	Kis-My-Ft2，ジャニーズ Jr. 全般	2019/8/1
E	20 代前半	女性	大学生	Sexy Zone，美 少年，SixTONES	2019/8/1
F	20 代後半	女性	会社員	関ジャニ∞（丸山隆平），Snow Man（向井康二），HiHi Jets（髙橋優斗）	2019/8/4
G	20 代前半	女性	大学生	嵐，King & Prince，美 少年（佐藤龍我）	2019/8/9
H	10 代後半	女性	大学生	HiHi Jets（作間龍斗）	2019/8/9
I	20 代前半	女性	大学生	関ジャニ∞，ジャニーズ Jr. 全般，なにわ男子（藤原丈一郎），苺谷星空	2019/8/11
J	20 代前半	女性	大学生	Sexy Zone，SixTONES（松村北斗）	2019/8/11
K	20 代前半	女性	大学生	嵐，なにわ男子（藤原丈一郎）	2019/8/11
L	20 代前半	女性	大学生	なにわ男子（道枝駿佑），苺谷星空	2019/8/12
M	10 代後半	女性	大学生	NEWS，Sexy Zone，美 少年	2019/8/12
N	40 代前半	女性	主婦	嵐（二宮和也），NEWS ほか，SixTONES（松村北斗），ジャニーズ Jr. 全般	2019/8/12
O	10 代後半	女性	大学生	美 少年（浮所飛貴）	2019/8/13
P	20 代前半	女性	大学生	King & Prince，なにわ男子（藤原丈一郎）	2019/9/3
Q	10 代後半	女性	大学生	Snow Man（渡辺翔太）	2019/9/5，2020/5/23，12/14
R	20 代前半	女性	大学生	Snow Man	2019/9/10
S	10 代後半	女性	大学生	King & Prince，美 少年（岩﨑大昇）	2019/10/15，11/12
T	30 代前半	女性	新聞社勤務	Hey! Say! JUMP（山田涼介）	2020/9/22，9/23
U	20 代前半	女性	大学生	関ジャニ∞，Snow Man，7 MEN 侍	2020/12/8
V	20 代前半	女性	大学生	嵐，Sexy Zone，A ぇ! group	2020/12/11
W	10 代前半	女性	大学生	Kis-My-Ft2（北山宏光），Snow Man（岩本照）	2021/3/4

出所：筆者作成。データはすべてインタビュー時点のもの。

切実なずれ（同上: 14, 65）に注目する。なお本章はジャニーズアイドルのファンを一括りにし，その集団の傾向を析出するという意図は一切ない。あくまでも，インフォーマントを操作定義上「ジュニアファン」と設定し，その主観的な語りをデータとして扱うことでファンの感情労働という問いの可能性を切り開く，試論を目指すものである。

3 ファンの「心の管理」

3.1　アイドルに向けられた感情管理

まずはファンがアイドルに向けて行う感情管理について検討していく。ホックシールドによれば，人々の感情管理が生じるのは，感情に関する身振りや合図を他者と交換し合うときがほとんどだという（同上: 87）。これをアイドルとファンの関係性に置き換えれば，コンサートやライブ会場など対面的な相互行為が生じる「現場」が該当するだろう。

しばしば，現場では演者のアイドルだけでなくファンが振り付けやコール（掛け声）といった身体的参入を行うことで集合的沸騰や身体的忘我が生じることが指摘される。他方でジュニアファンの語りから浮上したのは，ファンが俯瞰的に場を観察し，アイドルの「心」に適切な感情を生み出すべく，きわめて冷静に「役割」を演じる様子である。

◇「現場」で遂行される感情管理

たとえば，Ⅴ氏は関西ジャニーズJr.（以下，関ジュ）のコンサートでの経験を，次のように振り返る（一部，アイドルの固有名を＊＊＊と伏せた）。

【語り①】

　関ジュのコンサートに行った時に，後ろで泣いてぶっ倒れて，過呼吸になって，お兄さんに連れて行かれてた子とか，嗚咽するくらいまで泣いてた子もいて，そういうのにはなりたくないなって。〔……〕"重い"と思われたくないし，もし自分がアイドルでファンが泣き崩れてたら，きしょいと思うので。あと，内心つまんないとかあります。「＊＊＊」（グループ）の＊＊＊（メンバー名）の歌って面白くないん

ですよ，歌も曲も。座りたいんですけど失礼やし，ペンライトはちゃんと振ってます。（インフォーマントＶ）

　ここで彼女は，感情を解放させ泣き崩れるようなファンはアイドルから「"重い"と思われ」ること，そして「内心つまんない」と感じた場合でも，着席してペンライトを振らないことはアイドルに「失礼」であるとの認識を示している。またＵ氏は，コンサート中にペンライトをメンバーカラーに統一するようアイドルから指示を受けた際，「＊＊＊のときは赤，＊＊＊のときはピンクって言われてるのに，色が変わらんかったら目立つし，本人も傷つくし，かわいそうやなって思う」と，ペンライトを揃えないファンの振る舞いに苦言を呈した。
　注目すべきは，彼女たちが現場での振る舞いを「アイドル本人が傷つく，かわいそうだから」というロジックを用いて語っていることだろう。こうした規範意識は「アイドルの心のなかに適切な感情を作り出す」ことを志向する，感情管理の最たるものといえる。
　さらに，「アイドルの感情」を重視する姿がよく現れているのが，Ａ氏の語りである（以下，〔　〕内は筆者による注釈）。

【語り②】
　デビュー組は楽しければいいですけど，ジュニアは「認知」，「私が来ている」，というアピールをしないと，心折れたら辞めちゃうから。事務所からも仕事もらえないと〔彼自身が〕「なんで存在してるんだろう」って〔いう気持ちに〕なりそうだからです。ジュニアの公演に行って，自分のファンがいるってわかるように〔うちわを振るジェスチャー〕アピールする。応援して彼が頑張れる気持ちとか，仕事をもらえるために応援してるんです。一番の報酬は仕事が得られること，一番楽しく続けられること。〔私は彼の〕ファンだから。（インフォーマントＡ）

　つまりＡ氏は，デビュー組の現場では「楽しい」という感情を優先させているが，ジュニアを応援する際には，次の仕事が確約されていない彼らが「心折れないようにする」ことを優先しているという。この発言は前出の竹田

(2017) による女性アイドルのケア労働を想起させるが，それが「ケア労働」に留まらないのは，A氏が応援行為に対する「一番の報酬」を「(推しが) 仕事を得ること」だと明言している点にある。

　より噛み砕いて言えば，彼女にとって応援とは"アイドルの「心のケア」"であると同時に，自身が「カネ (＝賃金)」とは別種の対価を得る行為でもあるということだ。「推しが次の仕事を得る」ことは，自身が応援する対象 (fan object) を失わないためにも重要であり，ファン活動そのものを成立させ，継続させる要件といえる。つまり，当事者の主観的認識において，感情管理を伴う"ジュニアの応援"は，賃金とは異なる対価を得る (あるいはそのために遂行される)「感情労働」的性質をもはらんでいるのである。こうした語りをふまえれば，ファンの (私的な) 感情管理には，(公的な) 感情労働と結びつく回路が存在していることは否定できないだろう。

◇デジタル空間で遂行される感情管理

　くわえて，こうした「現場」に限らず，ファンの感情管理はデジタル空間においても遂行されている。2018年3月，YouTube に開設された公式の『ジャニーズJr.チャンネル』を契機に，ジュニアは「ネット鎖国」と呼ばれた同事務所のなかでネット進出の先陣を切った。この動きを受けて，ファンが口を揃えるのはYouTube動画の再生回数，Twitterのトレンド入りなど，目に見える数字や指標を意識していること，そしてこれらをアイドルに「プレゼントしたい」という発言である。

　たとえば，ジュニアチャンネルが開設されたことで初めてジャニーズにハマり，推しを見つけたH氏は，「＊＊＊くんが，MCで『PVの再生回数上げてね』，とか『明日までに何万回まで行くと嬉しいな』とか言うと，それに応えてファンが回すので，3日後に100万回行ったりするんですよ」(H氏) という。「回す」とは，動画の再生回数を意識的に増やすことを指している。たとえば，中国では再生回数をはじめ，PR活動やランキング入りのために「データ」を作るファンは「データワーカー」と呼ばれ，そうした活動に邁進する女性ファンを指す「数据女工」という言葉まである。

　こうした行為をする理由について，Q氏はアイドル側がこの「数字」を意識

していることを挙げ，「公式のブログで〔アイドルがTwitterのトレンドや，YouTubeの再生回数をチェックしていることを〕“匂わせる”からわかるので，見てるんだったらトレンド入りさせてあげたいし，YouTubeの再生回数も＊＊＊がMCで『みんなが頑張ってるの見てるから』って言ってるから頑張るし」（Q氏，2019/9/5）と述べ，次のように続けた。

【語り③】

　本人が「トレンド入りしました！　ミリオン達成しました！」って言って幸せそうにしていると，「これってやったほうが良いんだ」って思いますよね。やっぱりその，なんのために頑張るかっていうと，アイドルに喜んで欲しいからっていうのがあるので。承認欲求のためにやってる人もいると思いますけど，やっぱり本人たちに喜んで欲しいというのが一番なので。（インフォーマントQ）

　興味深いのは，「動画を見たい」という欲求だけではなく，ファンが「アイドルを喜ばせるべきだ」という意識のもとに能動的に動画を回したり，Twitterでのトレンド入りを目指して行為していることだ。彼女たちはアイドルに“見られている”ことを前提に，“喜んで欲しい”から頑張るという。こうした振る舞いは「無報酬労働」としてデジタルプラットフォーマーや事務所の利益を生み出し，アイドルに付加価値を付与する。

　ここまでの議論を整理すると，ファンは現場／デジタル空間それぞれにおいて感情管理を行っており，アイドルの「メンタルの向上」や「次の仕事の獲得」，あるいは「再生回数」や「トレンド」といった対価を得ている。ファンは決して賃金という形での対価を得てはいないものの，一方では主観的に対価を得ていると認識し，また経済的な利潤も生み出している点で（それがプラットフォーマーや事務所の利益であるにせよ），ファンの感情管理は「労働」と完全に切り離しえないのである。

3.2　他のファンに向けた感情管理

　ここまでアイドルに向けられたファンの感情管理（と，その「労働」的性質）について検討してきたが，ファン活動は「ファン−対象」のみならず「ファン−

他のファン」との関係性においても遂行される。そのためファンはファンコミュニティ（およびその構成員）に対しても感情管理を行っていると考えられる。そこで前節と同じく、現場とデジタル空間、それぞれに注目して検討していこう。

　まずはコンサート会場での、ファン同士の感情管理についてである。たとえば、ジャニーズJr.の「7 MEN 侍」のファンだというU氏は、中学・高校時代に「関ジャニ∞」のファンで「同担禁止」だったと述べた上で、担当ではないアイドルが近くに来た場合にも、アイドルに「楽しそうにみえるように」振る舞うべきだと語る。その理由を問うと、彼女は「たとえばエイト〔関ジャニ∞〕やったら、すばるくん〔渋谷すばる〕がeighter! eighter!〔ファンの総称〕って言ってくれて、ファンの団結、一丸意識が強いし〔……〕それに反したら嫌やなって思います」（U氏）と説明した。

　こうした発言からも読み取れるように、コンサートやライブ会場は「ファンとアイドル」だけの関係性によって構築されるものではなく、同時にファン同士が相互にまなざし合いながら、適切な感情や身振りをコントロールすることによっても支えられる、きわめてフラジャイルな空間といえる。

　では、デジタル空間におけるファン同士の関わりについてはどうだろうか。たとえば、ジュニア内で結成されたグループを結成日から応援してきたQ氏は、グループの人気が高まり「新規（新たなファン）」が増えていくなかで、「理想のファン像」（例：「良いファン、○○担」）が画一化されていく空気を感じ、「どんどんファンは『こうあるべき』みたいなのが固定化されていって、それが強くなるほど、私は合わないなと思っていった感じで。この時は息苦しくて、モヤモヤし」たと振り返る。

　彼女は当時、「愚痴アカ」に「本音」を書くことすらタブーとされていた空気を感じ、この気持ちは「私と同じ担歴くらいで、なんとなく価値観も一緒で仲良くしていた〔……〕本当に仲良い友達にしか話せない」状況にあったと回想した。つまり、その当時の彼女はファンコミュニティに共有される規範と、「ほんとうの自分」の感情に板挟みにされているという自覚があったということだ。

　ホックシールドは、そんな彼女の「語り」に関連する指摘をしている。

　実際，私たちが感情規則を感情規則〈として〉，深層演技を深層演技〈として〉最
も意識しがちなのは，文化や役割に対して強い愛着を持っているときではなく，あ
る一つの文化や役割から移動していくときである。私たちが過去の感情規則と相容
れないように感じがちなのは，複数の仕事や結婚，あるいは複数の文化の〈はざ
ま〉にいるときなのである。(ホックシールド 2000: 86)

　これに照らせば，「ファンはこうあるべき」という規範に違和感を覚えはじ
めた当時のQ氏は，まさに「複数の文化の〈はざま〉」にいたということにな
る。では，自身の「深層演技」を意識することは，ファン活動にどのような影
響を及ぼしうるのだろうか。

3.3　"燃え尽き"としての「担降り」

　その手がかりとなるのが，継続的な「深層演技」に伴い燃え尽きが生じると
いうホックシールドの指摘である[5]。献身的なファンのなかには，「応援疲れ／
推し疲れ」による燃え尽きが「担降り」(ファンをやめる) という形で顕在化す
ることも珍しくない。上記のQ氏もその一人である。彼女は応援するグルー
プが「推しと自分の夢」であった念願のCDデビューを果たし，ミリオンセー
ルスを記録したことを受けて，「そのとき私は死ぬほどCD買ったんで」と振
り返る。当時，彼女は決して無理をしていたわけではなく，感情の赴くままに
応援をしていたはずだ。
　ところが前述のとおり，急増した「新規ファン」と自身の価値観のあいだに
埋めがたいズレを感じ始めると，次第に自身の「無力さ」に直面することにな
った。

【語り④】
　自担がステップアップしてるのを見て，「あ，頑張ってよかった，努力が報われた
な」っていう感じでずっとやってきたのかなって。やっぱりファンの母数が増えた

5　ホックシールドは感情労働に従事する労働者が自己への同一化が求められる状況と，自ら
　の役割や会社への同一化が求められる状況とを区別する労働規範を持たない場合，アイデ
　ンティティの混乱が生じ (同上: 152)，バーンアウトに陥ると警鐘を鳴らす。

分，今では勝手にトレンドになるし，売り切れていくし，「あ，何もしなくていいじゃん」ってなって。それが応援していてちょっと，一緒に歩いていけてない感じがあって，置いていかれているというのが大きいですかね。〔……〕何気なくパッとみた1回の動画で，短い間にガーっと再生されると「自分がやってきたことって果たして意味があったのかな」って思って，なんか自分の無力さを実感，みたいな。（インフォーマントQ）

　こう語る彼女には，グループ結成時から心血を注いで担当を応援し，その「ステップアップ」に貢献してきたという矜持があった。「思い出すとずっとスマホとパソコンとかでも〔公式動画を〕バックグラウンド再生したり，広告飛ばさないようにしたり，再生リストを作ったりして」（Q氏）地道に貢献してきたのである。ところが，急増したファンが示す圧倒的な数の論理を前に，彼女は自身が過去に「やってきたこと」の意味に向き合わざるをえなくなった。
　そもそも賃労働の場合，ホックシールドの分類する「公的／私的」の区分はわかりやすい。他方で，あくまでも余暇活動という前提のもとに遂行されるファン活動の場合は，アイドルを応援する感情を「深層演技」と「ほんとうの自己」とに線引きすることが困難である。YouTubeの再生回数アップや要望メール，ハッシュタグをつけてTwitterのトレンド入りを狙うこと，企業へのお礼メールなど，様々な角度から「努力してきた」というQ氏は，2020年にコンサートが軒並み中止になったことが決定打となり，小学生時代から応援してきた「自担」を降りる決意をした。

4　感情規則としての「ファンシップ／ファンダム規範」

　ここでファンの感情管理に社会的秩序を与える規範と，それが生起する空間について整理しよう。取り上げてきた語りの断片から，ファンの感情管理は「ファン－アイドル」という関係における規範（例：「良いファンでありたい，彼らが喜ぶことをしたい」等）にくわえ，他のファン／ファン集団が共有する規範（例：「〇〇担」の感情等）によっても統制されていたことがわかる。ファンはただむき出しの感情を発散させるだけでなく，これらファンダムに特有の感情規則

(feeling rules) に則った「統制された感情」を操縦し，状況の定義を維持している[6]のである。

　このように「ファン−アイドル」，「ファン−ファン」という関係性において共有され，感情規則を統制する意識を，本章はさしあたり「ファンシップ規範」と「ファンダム規範」と呼び分けておこう[7]。付言すべきは，異なる指向性を持つかに見えるこれらの規範意識が現実的には密接に絡み合っていることだ。たとえば前出Q氏は，「担降り」のきっかけを「一緒に歩いていけてない感じ」と表現したが，それはアイドルだけでなくファン集団に対する感情をも含意していた。さらにファンの感情管理（それに伴う「感情労働」的側面）は「現場」に限定されず，デジタル空間においても遂行されていることを指摘した[8]。ホックシールドの『管理される心』の原著が1983年に刊行されたことをふまえれば，彼女が依拠した「私的生活（における感情管理／作業）」と「公的生活（における感情労働）」の区分，そして対面的相互行為の場という限定性も，問い直す余地があるだろう。

5　おわりに

　ここまで「ジュニアファン」を自称するインフォーマントを対象に，ファンの感情管理／感情労働について検討してきた。アイドルの感情労働が注目を集

6　井上俊が指摘するように，「現代の支配的な感情規則（そして，それに基づく感情管理や感情労働）を単に抑圧や疎外の側面だけで捉えるのは適切ではない」（井上 2019: 170）。「『文明化』された感情規則によって，多様な人々の間に広範な対人関係のネットワークが形成されうるようになった」（同上）ことは，アイドルとファンが適切な距離感やバランスを取りながら支え合う関係性の維持にも当てはまるだろう。
7　この区分はファンが関心をもつ対象に対する個人の心理的な愛着と，対象を共有する他のファンへの個人的な心理的な愛着とを区別した Reysen and Branscombe (2010) による「ファンシップ／ファンダム」概念を踏襲した。「ファンシップ／ファンダム規範」の用語は筆者が設定したものである。
8　ネグリ＆ハートやマラッツィ，ラッツァラートらの非物質的労働論が示すとおり，プラットフォーム上の行為は「（非物質的な）価値」の生産活動である。デジタルプラットフォームが情報基盤となり，あらゆるデバイスが統合，ネットワーク化され，メディア固有性が溶解するメディア環境においては，瑣末なファンの実践すらも価値生産活動となる。その点で本章の議論は資本の蓄積において「非物質的なもの」の意義が増大している点に資本主義の趨勢を特徴づける認知資本主義（山本 2011）と切り離せない。

める一方で，ファンの営みは「労働」とは無関係のものと思われがちである。しかし，ここまで見てきたようにファンの感情管理は感情労働と完全に切り離せない面もはらんでおり，とりわけファンの実践をデジタル労働へと組織するデジタルプラットフォームは，「感情の贈与交換」（ホックシールド）を感情労働へと収斂させていく。その意味でも，現下のデジタル空間におけるファン活動は，「労働／余暇」（あるいは「生産／消費」）の溶け合うなかにこそ，立ち現れるものだと言えるだろう（大尾 2021）。

　最後に，ファンの「心の管理」を促すエンジンとして，アイドルから差し出される「感情の贈与」に触れて本章を締めくくりたい。次に引用するのは2021年1月，あるジャニーズアイドル[9]がファンクラブ会員に寄せた動画内での発言である。

　　本当に皆さまがハッシュタグやSNSで盛り上げてくださったのは僕たちにも伝わっていましたし，YouTubeの再生回数，チャンネル登録者数も100万人突破しましたし，皆さまのおかげです，ありがとうございます。

笑顔でファンを労うこの動画は，2020年に「現場」という集いの場を剝奪されたファンにとって，日々のファン活動を肯定し，そのアイデンティティを承認してくれる資源となったはずだ。こうした発言はジャニーズアイドルに限らない。グローバルなファンダムを抱えるK-POPアイドルは，常にファンに向けて労いの言葉を発している。このようにファンの感情管理は単独で成立する閉じた実践ではなく，アイドルや他のファンとの関係における，感情の互酬性として現象するものである。

　もちろん，本章の議論には課題もある。たとえば，ファンの感情管理／感情労働はCDデビューという目標に向かって切磋琢磨する「ジュニアのファン」という要素が強く影響を及ぼしている可能性もある。そうであれば，本章は「デビュー組のファン」に対する「ジュニアファン」の特殊性を析出したとい

9　名前を伏せた背景には公式のファンクラブコンテンツをFC外部に流出させないというジャニーズファンダム特有の規範がある。こうした意識自体が，FCというコミュニティの特殊性だけでなく，従来インターネットと距離を保ってきたジャニーズの特性を反映している。

えるが，**表9-1**のとおり両者を掛け持ちするファンも多く，こう断言すること
は難しい。また，この議論が生身の身体を持たないバーチャルアイドルなど他
の領域にも敷衍しうるのかについては，別途検討を要する。いずれにせよアイ
ドルを学問として論じることは，対象そのものの記述にとどまらず，「アイド
ル」を成立させる様々な社会的要件，および社会関係のネットワークに目を向
け，それを丹念に描き出すというきわめて広い射程を持つ営みに他ならない。
ファンの「心の管理」を起点に，ファン活動の「感情管理／感情労働」的な側
面を論じた本章もまた，こうした営為の一端を担うものである。

参考文献

Fraade-Blanar, Z. and Glazer, A. M., 2017, *Superfandom: How Our Obsessions Are Changing What We Buy and Who We Are*, W. W. Norton & Co Inc. (＝ゾーイ・フラード＝ブラナー／アーロン・M・グレイザー，2017，関美和訳『ファンダム・レボリューション──SNS時代の新たな熱狂』早川書房.)

Galbraith, Patrick W., 2016, "The Labor of Love: On the Convergence of Fan and Corporate Interests in Contemporary Idol Culture in Japan," *MEDIA CONVERGENCE IN JAPAN*, Kinema club.

Gregg, M., 2009, "Learning to (Love) Labour: Production Cultures and the Affective Turn," *Communication and Critical/Cultural Studies*, 6 (2): 209-214.

Hochschild, A., 1983, *The Managed Heart: Commercialization of Human Feeling*, Barkley: University of California Press. (＝A. R. ホックシールド，2000，石川准・室伏亜希訳『管理される心──感情が商品になるとき』世界思想社.)

井上俊，2019，『文化社会学界隈』世界思想社.

伊藤守，2016，「デジタルメディア時代における言論空間──理論的探求の対象としての制御，情動，時間」『マス・コミュニケーション研究』89 (0): 21-43.

伊藤守，2017，『情動の社会学──ポストメディア時代における"ミクロ知覚"の探求』青土社.

Jenkins, H., 2006, *Convergence Culture: Where Old and New Media Collide*, New York: NYU Press. (＝ヘンリー・ジェンキンズ，2021，渡部宏樹・北村紗衣・阿部康人訳『コンヴァージェンス・カルチャー』晶文社.)

Lee, D., 2016, "Dong-Yeun Lee's Who's Afraid of Korean Idols?," *MADE IN KOREA: Studies in Popular Music*, New York: Routledge.

Lukacs, G., 2015, "The Labor of Cute: Net Idols, Cute Culture, and the Digital Economy in Contemporary Japan," *Positions*, 23 (3): 487-513.

Massumi, B., 2005, "Fear (The Spectrum Said)," *Positions*, 13 (1): 31-48. (＝B. マッスミ，2014，伊藤守訳「恐れ（スペクトルは語る）」伊藤守・毛利嘉孝編『アフター・テレビジョン・スタディーズ』せりか書房.)

大尾侑子，2021，「デジタル・ファンダム研究の射程──非物質的労働と時間感覚にみる

『フルタイム・ファンダム』」『ポストメディア・セオリーズ――メディア研究の新展開』ミネルヴァ書房.

Reysen, S. and Branscombe, N. R., 2010, "Fanship and fandom: Comparisons between sport fans and non-sport fans," *Journal of Sport Behavior*, 33: 176-193.

坂倉昇平, 2014, 『AKB48とブラック企業』イースト・プレス.

Spence, J., 2014, "Labours Of Love: Affect, Fan Labour, And The Monetization Of Fandom," *Electronic Thesis and Dissertation Repository*, Western University.

Sun, Meicheng, 2020, "K-pop fan labor and an alternative creative industry: A case study of GOT7 Chinese fans," *Global Media and China 2020*, 5（4）: 389-406.

竹田恵子, 2017, 「ライブアイドル, 共同体, ファン文化――アイドルの労働とファン・コミュニティ」田中東子ほか編『出来事から学ぶカルチュラル・スタディーズ』ナカニシヤ出版, 117-133.

山本泰三, 2011, 「非物質的労働の概念をめぐるいくつかの問題」『四天王寺大学紀要』52.

원용진 & 김지만, 2012, "사회적 장치로서의 아이돌 현상," 大衆書士研究, 28: 319-361.

第 10 章

台湾ジャニーズファンへのまなざし

——「日本時間」の文化実践とファン・アイデンティティ——

陳 怡禎

■ はじめに

　2020年11月3日に，ジャニーズアイドルグループ「嵐」のライブ『アラフェス 2020 at国立競技場』がジャニーズ事務所の公式サイトでオンライン配信され，推定1,000万人以上のファンを熱狂させた[1]。このライブの特設サイトでは，サイト表記は日本語と英語両方が併記されたほか，「嵐」のメンバーによる英語の挨拶動画もアップロードされていた。このサイトのコンテンツからは，日本のみならず，多くのファンが同時に世界中からオンラインで嵐のライブに参加すると想定されていたことが推測できる。

　日本のアイドル文化を支えるジャニーズアイドルは，1990年代後半から，東アジア諸国を中心に世界中に広く受容されている。ジャニーズアイドルの海外進出の歴史を辿ると，「台湾」はきわめて重要な拠点であることが明らかにされている（李 2006; 陳 2014）。特に，2000年代，ジャニーズ事務所は台湾市場を強く意識するようになり，ジャニーズ事務所初の海外ファンクラブ[2]を開設

1　このライブの実際の視聴者数は公表されていなかったが，複数のスポーツ紙（『スポーツニッポン』2020年11月3日；『サンケイスポーツ』2020年11月5日）によれば，総視聴人数は計1,000万人以上と推定される。

2　2002年から2006年まで運営されていた。

したり，定期的にコンサート[3]を行ったりするような戦略をとっており，台湾ジャニーズファン層の基盤を固めていったと考えられる。

　このようなジャニーズ事務所の海外戦略によって，台湾のジャニーズファンは，海外のジャニーズファンのなかでも特段な位置づけにいると自負し，海外にいながら「日本」を常に意識していると言えるだろう。

　本章では，このような台湾ジャニーズファンの日本へのまなざしから生み出された特殊な時間感覚に焦点を当て，彼女たちがどのように海外（台湾）にいながら，「日本時間」を共同的に想像し，作り上げているのかを分析することで，台湾ジャニーズファンの特殊なファン・アイデンティティ構築のあり方を明らかにする。

② 研究背景

2.1　ネット進出したジャニーズアイドル

　筆者は2010年に，台湾在住の20代から30代の女性ジャニーズファン13名から成る5つのグループを対象に，グループ・インタビュー調査を行った。[4]その調査では，台湾のジャニーズファンは遠隔の地にいながら，常にCDや雑誌など，ジャニーズアイドルに関連する商品や情報を「即時的」に手に入れようという意識が非常に強かったことが明らかとなった（陳 2014）。

　その調査から約10年の月日が経った現在，ジャニーズ事務所自体の経営方針は様々な変化を見せている。なかでも，近年のジャニーズアイドルによる「インターネット進出」に注目が集められていると言えるだろう。

　ネット上での画像や動画の掲載を厳しく規制してきたジャニーズ事務所は，2017年末より，YouTube公式チャンネルの開設，バーチャルアイドル事業への参入など，様々な形でネット世界に足を踏み入れはじめた。インターネットを通じてコンテンツを一方的にファンに提供するだけではなく，これまでソーシ

3　2000年にKinKi Kidsが，ジャニーズアイドルとして初のコンサートを開催した。それ以降，2019年までにV6，嵐などのジャニーズアイドル・グループはほとんど年に1回から2回の高頻度で台湾に訪れていた。
4　詳細は，陳（2014）を参照。

ャルメディアから距離を置いてきたジャニーズ事務所は，Twitter などの SNS でアカウントを開設し，世界中のネットユーザーと積極的にコミュニケーションを図る動きを見せている。さらに，2020 年から本格的に世界中を襲ったコロナ禍の影響によって，ほとんどのアーティストのライブやイベントが相次いで中止していたなかで，ジャニーズアイドルは本章の冒頭でも紹介したように，オフィシャルサイトや YouTube 公式チャネルで動画やライブ配信を行い，ネット上の「アイドル−ファン」の集いの場を構築していた。

2.2　ジャニーズコンテンツ流通の活発化

このようなジャニーズ事務所のインターネット進出に加え，ファン同士の間にもインターネットを通して，ジャニーズに関連するコンテンツを絶えず再生産・共有するようになっている[5]。著作権の側面を見ればグレーゾーンになるが，ジャニーズファンは，テレビ番組や雑誌など，アイドルに関連するあらゆる映像，テキストや音声を切り取り，ネット上にアップロードしてファン同士の間で共有することを，もはや日常的なファン活動としている。そして，それが重要なファン・コミュニケーションの手段の 1 つでもあると考えられる。また，テクノロジーの発展によって，ファンはより手軽にコンテンツを編集し，再生産することができるようになったため，ファンの間にも「コンテンツ再生産合戦」が起きている。たとえば，ジャニーズアイドルが音楽番組に登場し，パフォーマンスを終えた直後に，多くのファンはすでにその映像を SNS にアップロードし，ファン同士で共有していたことが観察できる。つまり，同じコンテンツを再生産し，発信するファンの間には微妙な競争関係が生じ，情報提供の即時性や独自性はより求められるようになったと考えられる。

そのようなアイドルに関連するコンテンツ流通の活発化から恩恵を受け，「ジャニーズアイドル」という海外文化商品を消費するのに，インターネット技術や語学力など自らの文化資本を全般的に駆使し，アイドル情報の取得に[6]

5　多くの研究者は，インターネット上でのファンダムについて議論し，ファンはコンテンツの消費者ではなく，コンテンツを創出する立場でもあるとファン活動の「生産」的性質に注目している（池田 2013; 岡部 2015; Booth 2016）。
6　ファンの文化資本や社会資本に関する議論は，龐（2010）を参照。

努力をしてきた台湾のジャニーズファンは，従来よりもジャニーズ消費を行いやすい環境に置かれていると考えられる。そのため，2010年の調査以降に，台湾のファンによるジャニーズアイドルに対する消費実態は，どのような変化を示しているのか，改めて検討する必要がある。

3 調査対象・方法

3.1　インフォーマントのプロフィール

　まず本章が採用する調査方法について紹介する。本研究は半構造化インタビュー調査法（Semi-structured interview）に基づき，台湾で広く利用されているコミュニケーション・ツールである「LINE」[7]の通話機能を使い，2020年6月22日から7月3日にかけて，台湾の20代から40代女性ジャニーズファン12名にインタビュー調査を実施した。

　ここでインタビュー対象の選定手続きや問題設定について説明しておく。筆者が2010年に一度インタビュー調査を実施した13名のインフォーマントから，継続して現在も連絡を取っている4名に追跡調査を依頼した。その後，スノーボールサンプリング（Snowball Sampling）[8]調査法を採用し，1人ずつ知り合いのジャニーズファンを紹介してもらう形で，最終的に合計12名の20〜40代の女性インフォーマント（詳細なプロフィールは**表10-1**を参照）にインタビュー調査を行った。

3.2　私的時間・空間におけるファン実践

　筆者とインフォーマントとは，LINEを用いて調査日程を調整してから，事前に簡単なプロフィール表に記入してもらった後に，1人当たり約1時間半のインタビュー調査を実施した。調査時間はすべてインフォーマントたちの要望によって決めたが，彼女らは，仕事終わり，授業や家事の合間など，「私的な

7　LINE社が2019年に公表した報告によれば，台湾においてのLINEユーザー数は2,100万人を超えて，台湾全国人口の9割を占めている。
8　スノーボールサンプリング調査法とは，第1の調査対象に協力してもらい，別の調査対象を紹介してもらう作業を繰り返すことで，調査サンプル数を増やしていく調査法である。

表10-1　インフォーマントのプロフィール

番号	年齢	職業	ファン歴	「担当」対象
A	30 代後半	金融業	25 年	嵐，King & Prince
B	40 代前半	教師	23 年	嵐，King & Prince
C	30 代前半	商業	18 年	嵐（松本潤），生田斗真，King & Prince（平野紫耀）
D	30 代後半	中小企業事務職	24 年	関ジャニ∞（丸山隆平）
E	30 代後半	大学職員	12 年	嵐
F	30 代前半	建設業事務職	10 年	嵐（松本潤），NEWS（加藤シゲアキ）
G	40 代前半	医療従事者	13 年	嵐（二宮和也），生田斗真
H	30 代前半	医療従事者	16 年	関ジャニ∞（横山裕），なにわ男子（藤原丈一郎）
I	30 代後半	大学職員	14 年	生田斗真，Hey! Say! JUMP（中島裕翔）
J	20 代前半	大学生	7 年	関ジャニ∞（大倉忠義，丸山隆平），V6（森田剛），KinKi Kids（堂本剛），Snow Man（阿部亮平）
K	20 代後半	サービス業	12 年	嵐
L	20 代後半	塾講師	17 年	Snow Man（深澤辰哉）

出所：筆者作成。ジャニーズファンは最も応援するアイドルを「担当」と呼ぶ。また，自分の担当を「自担」と呼ぶ。本プロフィールは 2020 年調査当時の「担当」対象を記す。また，記載の仕方はインフォーマント本人が記入したものに則る。

「時間」を使い，自分の寝室などの「私的な空間」で調査に応じてくれた。彼女らそれぞれの生活様式によってばらつきがあったが，実際にその「私的な時間」は，彼女らにとって大事な「ジャニーズ消費」の時間帯でもあると言えるだろう。

　たとえば，インフォーマントAは，調査を受ける最中に，日本から取り寄せていたアイドル誌を読みながら好きなアイドルが載っているページを切り取るため，カッターを入れて雑誌を解体する作業を行っていた。また，12 人のインフォーマントのなかの既婚者はインフォーマントCとFのみである。育児休暇中のCは平日正午にインタビューに応じてくれたのに対して，仕事をしながら育児をしているFは，平日の夜 11 時半以降でないとインタビューを受けられないと事前に断った。既婚者の 2 人にとって，その時間帯は家事をこなし，子どもを寝かしてからの「ひとりの時間」であり，ジャニーズアイドルに関連する情報を集めたり，動画や雑誌などの文化商品を消費したりしている時間でもあると言える。

　本章では，台湾のジャニーズファンは，こうした私的空間・時間のなかで，

どのようにジャニーズアイドルを消費しているのかに着目し，分析を進めたい。

　また，今回調査に応じてくれた12人のインフォーマントは，7年から25年までの長いジャニーズファンとしての歴史を持っている。本章は，ジャニーズ事務所がインターネットに進出する前からの古参ファンである彼女らに対する調査を通して，現在の台湾のジャニーズファンのファン活動の実態を明らかにするとともに，彼女らが行ってきたファン活動の変化も示していきたい。

4　台湾女性ジャニーズファンが置かれる社会的環境

4.1　自律したライフスタイルを実現する台湾女性

　前述したが，インタビュー調査を実施した12名のインフォーマントのなかで，既婚者はインフォーマントCとFのみである。独身のインフォーマントと比べ，彼女たちは，インタビュー中，たびたびファン活動を行う時間のなさに苦悩を吐露している。たとえば，インフォーマントFは，独身時代にアイドルに関連する情報を一刻でも早く入手しようとしていたが，結婚した後に，夫の目線を気にし，「身動きが取れない」とファン活動を行う際の不自由さを述べ，家庭内でファン活動を行うのにひとりの時間や空間が必要だと強調した。その一方，独身のインフォーマントにとって，両親と同居していても，自分の部屋に入れば思うままにファン活動を始められる様子もインタビューからうかがえた。つまり，台湾のジャニーズファンにとって，日常生活のなかでファン活動に相当の時間を割くためには，独身であることが重要な条件になっていると考えられる。

　そこで，まずは台湾の内政部[9]が実施していた国勢調査のデータから，台湾女性が置かれる社会環境を説明しよう。2018年に公表されたデータによれば，大学以上の学歴を持つ人数は約890万人で15歳以上の総人口数の4割を占めており，45歳未満の年齢層では，高等教育の学歴を持っている女性が男性を上回っているという結果が明らかとなっている。さらに，2019年での大学以上

9　日本の総務省にあたる。

の学歴を持つ人口の婚姻状況を見てみれば，20 〜 40代女性の未婚率は，約54%であることがわかった。[10]

　また，2018年に行われた女性就業率に対する調査データでは，高学歴化によって就労時期が遅くなったため，台湾女性労働力のピークは25歳から29歳の89％であることが判明している。30代以降の労働率はやや下降していくが，50代までの労働率は70％以上の水準を維持し，経済的自立を実現しているとみられる。その調査データと照らし合わせば，本調査を受けてくれた20 〜 40代女性インフォーマントは，高学歴で有給の職業を持ち，教養があり，経済的にも恵まれているのに加え，独身という条件のもとで，自分の属する「私的空間・時間」のなかで，文化的に自律したライフスタイルを構築し，様々な文化実践を行えることも想像しやすい。

4.2　「日常的」なジャニーズ消費

　こうした背景をふまえて，本章ではとりわけ台湾女性ジャニーズファンは，どのようにこの「私的な時間」を利用し，ジャニーズアイドルという趣味を実践しているのか，検討していく。しかし，その前に注目しなければならないのは，台湾の女性ジャニーズファンにとっての「私的空間・時間」は，実際に仕事などの社会的な「公的空間・時間」から明確に峻別しうるものではないことである。

　今回インタビュー調査対象としたジャニーズファンは，四六時中インターネットを駆使し，能動的にジャニーズ情報を獲得し，交換していると言える。たとえばインフォーマントBは中学の教師をしているが，彼女は，趣味用の時間を特別に作るのではなく，担当授業の合間のわずかな時間でもSNSを覗き，ジャニーズ情報を獲得するようにしていると述べている。「職場にいる時に，アイドルの動画をチェックするのは難しいため，ネット上の文字情報だけを確認している」と自分自身の行動を振り返っている。インフォーマントBは，「仕事」という「公的空間・時間」の制限によって，思う存分にジャニーズアイドルという趣味を楽しむことはできないが，彼女は依然として能動的，積極

---

10 さらに30代に絞ってみると，大学以上の学歴を持つ者の未婚率は約43％であり，女性の未婚率は47％であることがわかった。

的にジャニーズ情報を獲得・交換・共有しようとしている。つまり，台湾の女性ジャニーズファンたちにとって，このような公的時間から瞬時的に切り替わる私的時間のなかで享受するジャニーズという趣味は，「余暇」という特別な時間に位置づけられるものではなく，より日常的な文化実践であると言えよう。

　このような台湾ジャニーズファンによる日常的なジャニーズファン文化実践を念頭に置き，次節以降では，彼女らが実際に行うファン活動を検討していく。

5　台湾女性ジャニーズファンが過ごす「日本時間」

5.1　台湾ジャニーズファンが求める共同性

　ここからはインタビュー調査のデータに基づき，台湾の女性ジャニーズファンの日常的ファン活動を把握した上で，彼女らが構築している特殊な「日本時間感覚」を解明していく。

　筆者による約10年前の調査では，台湾のジャニーズファンは，インターネットを通じての「番組の視聴」「アイドルに関連する商品の購入」「情報の獲得」など，様々な場面で「即時性」を強く求めていることを明らかにした（陳2014: 65-74）。たとえば，これまで，台湾のジャニーズファンは，ジャニーズ情報を即時的に取得するため，1時間早い「日本時間」に合わせて，自らの台湾社会における生活のペースを調整し，インターネットを用いて“生”で日本番組を視聴したり，大金を費やして日本のファンと同じタイミングでアイドルに関連する文化商品を入手したりすることによって，ファンとしての快楽を享受してきた。この調査において，台湾のジャニーズファンは，即時的にジャニーズ文化を消費することを通して，所属しているファンコミュニティの共同性を獲得しようとしていた点が明らかになった。つまり，台湾のジャニーズファンは，ファンコミュニティ内部で「日本時間」を構築し共有することを通して，ファンコミュニティへの凝集性[11]を高めていたのである。

11「凝集性」とは，集団に所属するメンバーが同様な考え方や行動規範などを持って，グループの統合に向かうことを指す言葉である。スポーツチームや家族などの集団に対する研究

その調査から10年が経った現在では，こうした台湾ジャニーズファンの文化的実践に変化があったのか。今回，12名のインフォーマントに調査を実施した結果，台湾のファンは，ジャニーズ文化消費をする様々な場面で，現在もなお日本時間を強く意識し，「即時性」を追求していることがわかった。一見すると，10年前に筆者が実施した調査結果と変わらない結果のようにも見受けられるが，実際には，彼女たちのなかにある特殊な日本時間感覚の共有対象は，台湾のジャニーズファンコミュニティだけではなく，日本のファンコミュニティでもある点に注目しなくてはならない。以下では，このような台湾ジャニーズファンが日本のファンコミュニティに向ける視線を明らかにしていく。

5.2　即時的な情報獲得への欲求

たとえば，インフォーマントＡは，ファン活動を行う際に，必ず「担当」アイドルに関連する情報を即時的に入手することを心がけていると述べた（以下，インフォーマントの語りに関する日本語訳は筆者による）。

　自担に関する情報やものに関しては，絶対すぐに手に入らないと気が済まない。だって，他のファンから情報を知りたくないもん。今は情報通信がすごく発達しているから，基本的にずっとネットをチェックすれば，他のファンに負けずに即時的に情報を入手できるから。（インフォーマントＡ）

さらに彼女は，アイドルに関連する情報が解禁され次第入手するために，目覚まし時計のアラームをかけてまで，日本の情報番組が放送される時間である早朝の4〜5時（台湾時間の3〜4時）でも頑張って早起きしようとしている。彼女は国境，言語や時差などの「距離」があっても，アイドル情報を即時的に獲得することにこだわりを示した理由として，「他のファン」への意識を挙げている。

しかしながら，彼女が一刻も早くジャニーズ情報を入手しようとするのは，必ずしもファンの友人の誰かと共有するためではないという。

においてよく用いられる概念である。

（筆者：その情報を早く入手してから，ファン同士にすぐ伝える？）

　時間にもよるかな。普通の昼間とかは，すぐ友達に教えて情報共有するけど，でも深夜や早朝だと，友達に連絡してもあれだからね……だから独り言みたいに自分のSNSでつぶやくだけ。（インフォーマントA）

　龐（2010）による調査では，台湾のジャニーズファンはアイドルの情報に依存する傾向があるため，「共有できる情報＝ファン資本」の多寡は，ファンがコミュニティ内部のヒエラルキーに影響するという分析がなされていた。しかしながら上記のインフォーマントAの発言から，彼女は必ずしも情報の共有を最優先事項として認識しているわけではないことがうかがえる。つまり，彼女は何度も「他のファン」という言葉を口にしているが，それは台湾ジャニーズファンコミュニティ内部での自分自身の優位性を確保するための競争心という意識より，むしろインターネットの発達によって実現されやすいファン同士の情報アクセスの平準化を期待していると言えるだろう。

5.3　「日本の発売日」へのこだわり

　さらに，台湾のジャニーズファンは，ジャニーズに関連する商品を「他のファン」に負けずに「即時的」に入手することにも強いこだわりを示している。たとえば，経済的に自立している30代後半のインフォーマントAと比べ，大学生のインフォーマントJは，ジャニーズアイドルに関連する商品の購入には，親からもらった定額のお小遣いから捻出せざるをえないにもかかわらず，アイドル商品を「日本の発売日」で入手するため，値段や手間を気にせずに日本から商品を取り寄せていると述べている。

　現に，ほとんどのジャニーズアイドルの音楽や映像作品は，台湾現地で複製され，台湾の物価に見合った，より安価な「台湾版」として発売されている。このような台湾版CDは，現地の音楽レーベルによって日本版より数週から数か月間遅れて発売されている。そのため，インフォーマントJを含め，調査に応じてくれた熱心なジャニーズファンは，同じ作品の日本版や台湾版を両方とも購入しているが，「どうしても日本の発売日に日本版のCDを購入したい」理由について，インフォーマントKは，「日本のファンと違うのはイヤ」と，

日本現地のファンと同様な消費行動をする願望を明言している。また，インフォーマントJは「アイドルたちの売り上げに貢献したい」と述べ，売り上げに計上される日本現地店舗から購入するように心がけているようだ。

　つまり，彼女らは，アイドルに関連する商品を購入し，楽しんでいるだけでなく，日本のファンの存在を意識することで，具体的な数字としてアイドルの活動実績に反映させたいと考えているのだろう。さらに言えば，彼女たちは，「海外のファン」というカテゴリーを脱出し，日本のファンと同じ水準でアイドルを消費する意欲が強いことがうかがわれる。

6 おわりに

　本章は，台湾における20〜40代の女性ジャニーズファンにインタビュー調査を実施し，彼女らによって行われるジャニーズ消費やファン活動を検討した。なかでも，筆者は，10年前に一度調査を実施したインフォーマントA〜Dの4名に対し，再度追跡調査を行った。この追跡調査を通して，彼女たちのファン活動や台湾ジャニーズファンとしての意識の変化がより浮き彫りになったと言える。

　調査から，台湾の女性ジャニーズファンは，日常的にジャニーズアイドルを消費する際に，常に日本時間に合わせてファン活動を行い，「日本のファンと同時」であることを意識していることが明らかになった。

　台湾のジャニーズファンは，常時，台湾と日本のあいだの1時間の時差を埋め合わせ，即時的な情報獲得や番組視聴に励んでいる。また彼女らは，1日のなかの時差ばかりでなく，CDなどのアイドルに関連する文化商品を，日本現地での発売日に入手するため，金銭や時間といったコストを気にせずに日本現地の店舗から商品を購入するという，より長期的な水準でも「日本時間」に従ってファン活動を実践していたことが明らかとなった。

　彼女たちが常に日本時間を強く意識しているのは，「日本のファンのように」即時的に情報を獲得したり，発売日当日にアイドル商品を入手したりすることに加えて，アイドルの日本での売り上げにも貢献したいという意欲が働いているからであると考えられる。したがって，台湾におけるジャニーズファン

は，日本のファンの動向を常に注目し，日本のファンと同様にジャニーズ消費をしようとする意識が強いと言えるだろう[12]。

参考文献

Booth, Paul, 2016, *Digital Fandom 2.0: New Media Studies*, Peter Lang Pub Inc.

陳怡禎，2014，『台湾ジャニーズファン研究』青弓社.

龐恵潔，2010，「ファン・コミュニティにおけるヒエラルキーの考察――台湾におけるジャニーズ・ファンを例に」『東京大学大学院情報学環紀要 情報学研究』78: 165-179.

池田太臣，2013，「共同体，個人そしてプロデュセイジ――英語圏におけるファン研究の動向について」『甲南女子大学研究紀要 人間科学編』49: 107-119.

李衣雲，2006，『台湾における「日本」イメージの変化，1945-2003――「哈日」現象の展開について』2006年度東京大学大学院人文社会系研究科博士論文.

岡部大介，2015，「ネットコミュニティが生成するサブカルチャーの構造」『AD STUDIES』54: 12-16.

12 本章は科学研究費補助金（若手研究・20K13706）による成果の一部である。

アイドル研究領域の拡大

第 11 章

日本文化としてのアイドル

——インドネシアの動向を事例に——

上岡 磨奈

1 はじめに

　漫画やアニメなどと同様にアイドルも日本発のポピュラー文化として，また音楽コンテンツとして海外展開されている。日本のポピュラー文化とその国外での受容，特にアジア地域での受容については多くの先行研究があり，ポピュラー音楽やテレビ番組に関連してアイドルについても言及されてきた（五十嵐 1998; 岩渕 [2001] 2016, 2004, 千野 2019など）。1990年代には国外展開の「限界」も指摘され（岩渕 [2001] 2016: 153-160），日本のシステムそのままに海外でアイドルが活動することは容易でないと考えられていた。しかし2022年現在も日本企業または現地企業主導のもと，また個人運営を含め，各地で数多くの日本式アイドルが活動を行っている。加えてファンによるコピーユニット，コピーパフォーマンスなどの形式でもローカルなアイドル文化が紡ぎ出され，その姿はSNSや動画配信サイトでも数多く確認することができる。メディアや通信環境の変化を背景にアイドルの海外受容，とりわけアイドルを受け入れる土壌としてのオーディエンスにも違いが出てきているだろう。

　こうした潮流の中の一事例として，AKB48の海外姉妹グループがある。2022年8月時点で，アジア5地域6グループが現地の大手メディアなどと手を組む形で活動を行っている。そのうち初の海外姉妹グループであるJKT48

図11-1　ジャカルタ・fxモール内にあるJKT48劇場

出所：2021年1月31日，調査協力者撮影。

は，AKB48を知ったインドネシア企業からの「誘致」によって2011年に誕生した（秋元・田原 2013: 204-206）。インドネシア在住の13歳から20歳までの女性，約1,200人の応募の中から28人が1期メンバーに選出され，AKB48のエッセンスをそのまま受け継ぐインドネシアのアイドルグループとしてスタートした。そして同様のフォーマットで2017年にBNK48（タイ・バンコク），2018年にMNL48（フィリピン・マニラ），AKB48 Team SH（中国・上海），AKB48 Team TP（台湾・台北），SGO48（ベトナム・ホーチミン），2019年にCGM48（タイ・チェンマイ），DEL48（インド・デリー）がそれぞれ活動を開始している。2012年に活動を開始したSNH48（中国・上海），2018年に活動を開始したTPE48（台湾・台北）についてはそれぞれ契約解消，活動中止となっているが，形式を変えて活動は続いている（2021年12月にSGO48，2022年7月にDEL48は新型コロナウイルス感染症の影響により解散，活動終了した）。

　筆者は2015年，JKT48とそのファンを対象に日本式のアイドルがインドネシアでどのように受容され，またインドネシア社会にどのような「効果」をもたらしたのかについて，現地調査（参与観察）およびオンライン調査を行った。[1]インドネシア現地のファンの動向から国外でのアイドル受容がインターネットの影響も受けて変化の只中にあることがわかった。本章では，現在の様子を付記しながら日本国外でのアイドルのあり様の一例としてインドネシアの状況を報告する（**図11-1**）。

1　収集したデータからプロファイリングと消費動機に関する因子分析を実施し，その結果，インドネシアにおける「アイドル」の効果とは，①インドネシアの中心的な年代である10代から20代の若者の意欲を情熱的に駆り立て「楽しさ」を提供し，消費行動へと導く，②日本文化のひとつとして消費者の日本への関心を高める，③「アイドル」を中心にコミュニティが形成され，消費者同士のつながりを強め，需要を拡大する，という3点に集約することができると結論づけた（劍持 2016）。

2 インドネシアにおける「アイドル」

　日本語ではアイドルという言葉に複数の意味が託されているが，日本語圏以外では偶像という本来の意味を除いては，主に「芸能ジャンルとしてのアイドル」（香月 2014）の意味で用いられていると言っていいだろう。インドネシアで「idol」，ときに「idola」と呼ばれるもの，それは日本の「アイドル」に影響を受けたスタイルのアーティストを指していた。音楽ジャンルや形式を限定しない多様な日本のアイドルの姿がYouTubeなどの動画配信サイトを通じてほとんどリアルタイムに国外へ発信され，「アイドル」として受け止められる。いうなれば，日本で「アイドル」を名乗っていれば，またそれらの「アイドル」に風貌や演じる音楽ジャンルが似ていれば，そのアーティストや音楽はそのまま「idol」として理解されると考えられる。

　48グループのプロデューサーである秋元康は，JKT48デビュー以前からインドネシアを含め国外でもAKB48の楽曲やコンサートの様子がすでによく知られていたことを振り返り，そうした素地によって受け入れる体制が整っていたことから，「やっと自分たちのところに来たという盛り上がりがすご」かったと述べている（秋元・田原 2013: 200-204）。その「素地」であるインドネシアの「idol」文化とは，またその中でJKT48はどのような存在であると捉えることができるのか，次節以降で具体的に報告する。

3 JKT48誕生前夜のインドネシアと「idol」

3.1　インドネシアと日本のポピュラー文化

　インドネシアにおける日本文化への親しみの基礎は1980年代にあると考えられている。1983年にラジオでの放送をきっかけに人気を得たのは五輪真弓の楽曲『心の友』である。同曲は「第二の国歌」と表現されることもあるほど長年インドネシアの地で親しまれてきた。[2] また連続テレビドラマ『おしん』

2　ソニーミュージック「五輪真弓」（https://www.sonymusic.co.jp/artist/MayumiItsuwa/）によれば，「日本を飛び越えインドネシアで第二国歌といわれるほどの大ヒットになり老若男女

(NHK) もよく知られている。倉沢愛子によると1986年から87年にかけて，国際交流基金の放映権料助成によりインドネシア国営テレビで全国放映され，幼い頃のおしんの貧しい姿が「経済大国」日本のイメージを変化させた，という（倉沢 1994: 133-134）。

　さらに白石さやは1989年をインドネシアの「アニメ元年」としている（白石 2013: 116-118）。同年は政権交代に伴うインドネシアにとって民主化のはじまりの年であり，初めて民間放送局が開局された年である。白石は，1989年に『キャンディ♡キャンディ』(TPI，現MNCTV)，1991年に『ドラえもん』(RCTI) が放映されたことにより，日本の漫画，アニメに親しむ「アニメ・マンガ世代」が誕生し両国の関係に影響を与えてきたと述べている。

3.2　インドネシアの「idol」たち

　しかし，その後，日本からの積極的なポピュラーコンテンツ提供の機会は多くなかった。特に音楽面について，2014年の報告では，「日本人アーティストによる楽曲は1990年代前後からインドネシア市場に流通して」いるものの (JETRO 2014: 12)，日本と韓国の音楽アーティストについて「両国のアーティスト共にインドネシア市場で人気を博す可能性があるが，日本のアーティストはあまり知られていない一方，韓国系アーティストは既に一定の若年層の間で人気を得ている」との見解が示されている (ibid: 22)。いずれも「欧米系アーティスト」と比較すれば人気も知名度も低いとされているものの，2013年度のインドネシア国外からのアーティストによる主要なパフォーマンスイベント数を比較すると韓国に比べて日本のアーティストはほとんど興行を行っていないことがわかる (ibid: 7)。

　こうした背景からか，先んじて「idol」的な注目を集めたのは韓国，つまりK-POPのアーティストに影響を受けたグループ歌手で，その筆頭は2011年2月27日結成のCherry Belleであった。名乗りは「Girls Band」であるが，JKT48デビュー以降は比較対象として語られることも多かった。「idol」との違いは，楽曲やパフォーマンススタイルがK-POPに影響を受けているという

問わず極めて有名」（2021年8月19日閲覧）。

点であるが，ファン以外にはその見分けは
付きにくく，実質「idol」のように受け入
れられていたといえるだろう。

　同時期，日本の「アイドル」に影響を受
けた若者も，主にコピーユニットとして活
動を開始するが，コピーする楽曲は日本の
曲に限定されてはいなかった。Ren-Ai
Projectは2010年8月28日にパフォーマン
スを開始し，2022年現在も活動を続ける
先駆的なグループだが，2014年4月に初の
オリジナル楽曲『Love Love Fighter ／ ラ
ブラブファイター』を披露するまでは8，
9割を「アイドル」カバー，残り1，2割を
K-POPカバーという割合でステージパフ

図11-2　Lumina Scarlet ライブ特典会会場

出所：2017 年 4 月 9 日，筆者撮影。

ォーマンスを行ってきた（オリジナル楽曲発売以降も「アイドル」カバーは継続してい
る）。その後，同じく現在も活動を続ける西ジャワ州バンドゥンのローカルア
イドルLumina Scarletが2011年1月に結成（**図11-2**），2011年4月にはSuper
GirliesがBerryz工房の楽曲をリアレンジした曲でデビューするなど「アイド
ル」系のグループも増えていく[3]。

　しかし観客からは，あくまでコピーパフォーマンスである，アマチュアであ
るとの見方も強かった。筆者は観察を通して，インドネシアを含め複数の地域
のアイドルファンから「日本以外の地域で活動するアイドルはアマチュアであ
り，コピーである」，「日本のアイドルが正統である」という内容のコメントを
得た[4]。インドネシアでも，ファンは日本の観客を真似て日本語の掛け声や手

3　Super Girlies「Malu Malu Mau」オフィシャルミュージックビデオ（https://www.youtube.
　com/watch?v=_ZW0O3st_YE）。OKEZONE の記事によると，2009 年にリリースされた
　Berryz 工房の楽曲「ライバル」を契約の上で購入している（Maria 2012）。
4　2015 年のインドネシアの JKT48 ファン，および 2017 年の台湾，2018 年の北米のアイドル
　ファンへの現地調査からコメントを得た。北米でアイドルとしても活動する調査協力者に
　よると，オリジナル曲を歌唱してもコピーアイドルと捉えるファンが多く，日本のアイド
　ルのみが「Actual idol」（本物のアイドル）であると見る向きがある。

拍子，「ヲタ芸」を演じることで日本の「アイドル」シーンを再現していた。あくまでも日本の「アイドル」を模倣する形で「idol」シーンが作り上げられていった。

4 「アイドル」JKT48の誕生

4.1　飢餓感に応える存在として

インドネシアでは，日本のポピュラーカルチャーに直接触れる機会が求められていたものの，なかなかその機会は与えられなかった。

JKT48はこうした日本ファンの「飢餓感」に応える存在であり，そこで提示されたのは過度にローカライズせず，日本と同様の形式で作り上げられた「アイドル」であった。JKT48は2011年12月の始動以来，首都ジャカルタを中心に芸能活動を行い，メンバーは，新型コロナウイルス感染症の影響を受けての「再編成」が行われた2021年2月まで，研修機関に所属するアカデミー生を含めて約60人であった（2022年8月現在は33人）。プロデューサーが秋元康であること，そして「会いに行けるアイドル」という活動コンセプトや，専用劇場での公演（コンサート）内容，その衣装や演出，CD購入特典としての握手会の開催などの活動はAKB48のフォーマットをそのまま受け継いでいる。

秋元はデビューの経緯について「JKTの場合も，もちろん宗教や慣習に気を使い，歌詞や衣装が規律に反しないように配慮しましたが，AKBの形自体はそのままいじらずに進めています」と語り，これまでの日本発コンテンツの過剰なローカライズへの反省からそれを主眼に置かない海外展開の形の1つがJKT48であることを明らかにしている（秋元 2015）[5]。ここでいう「ローカライズ」は90年代に日本のメディア産業がアジアに進出するにあたってキーワードとしてきた戦略でもある。日本がアメリカのポピュラー文化を「現地化・土

---

[5]　その一方で「歌詞のフレーズと衣装には，細心の注意を払いました」とも語っており（秋元 2013: 205），特に衣装については雰囲気を受け継ぎながらもオリジナルより着丈が長い等の工夫が施されている。同じ曲のミュージックビデオ（MV）でも，AKB48は水着や下着を衣装としていても，JKT48は露出を控えた衣装を着用するというのはその顕著な例である。他にインドネシアに特徴的なローカライズの例としては断食月（ラマダン）中の特別イベントやオークション，ラマダン明けの食事会イベントが挙げられる。

図11-3　チカランで開催されたSakura Matsuri　図11-4　Sakura Matsuri会場のステージ前

出所：2017年4月9日，筆者撮影。　　　　出所：2017年4月9日，筆者撮影。AKB48 Team8
のTシャツに「ガチ恋口上」を手書きしているイン
ドネシアのアイドルファン。

　　着化」してきた経験をアジア市場の「ローカル性」とする試みが様々なコンテ
ンツや商品のアジア進出においてなされた（岩渕［2001］2016: 129-130）。アイド
ルグループ，上海パフォーマンスドール（東京パフォーマンスドールの「上海版」）
やオーディション番組『アジアバグース！』の例から岩渕は，当時の日本のメ
ディア産業が「日本らしさ」や「日本」のイメージではなく洗練された「アジ
アっぽさ」を創ろうとしていたことを指摘している（ibid: 149-150）。つまりこ
れに倣わず日本の香りをそのままに，すでに日本のコンテンツを日本のものと
して楽しんでいる日本ファンをターゲットに誕生したのがJKT48である。
　　JKT48ファンのAさん[6]によると，インドネシアでは日本の音楽，アニメ，
ゲーム，テレビ等，様々なコンテンツを楽しむファンがそれぞれにコミュニテ
ィを形成していたが，JKT48の登場により，そのすべての「ファン」が一同に
JKT48を通して日本を楽しむようになったという。また同2011年はジャカル
タで開催される大型イベント「縁日祭」（Ennichisai）開催初年でもあった。日本

6　2015年5月18日，JKT48劇場前で。当時Aさんの Twitter フォロワー数は5,000人を超え，
　　JKT48ファンで知らない人はいないと他のファンから言われる「有名」ファンのひとりで
　　あった。

文化を楽しめるイベントとして若者を中心に例年賑わい，JKT48も2012年から2014年までコンサートを行った。また他にも複数開催されている，こうした日本文化を楽しむイベントのステージはインドネシアのidolにとってパフォーマンスを披露する主な場となっている（図11-3，図11-4）。

4.2　日本の「アイドル」としてのJKT48

では，JKT48の日本らしさ，つまり「アイドル」らしさはどこにあるか。まず他のidolと比べてイベントの開催頻度が非常に高い。新型コロナウイルス感染症の影響を受けるまでは，1週間に平均して4〜5日，約6〜7公演のコンサートを専用劇場で行い，CDのリリースに合わせた握手会を年に3〜4回開催している。また公演終了後のハイタッチ会，2ショット撮影会などJKT48に「会う」機会は多い。[7] しかしその一方で，ファンとメンバーが過度に親しくなることは禁じられている。2015年の段階では，手作りの食べ物を差し入れするというファンの姿も見られたが，その後年々プレゼントやファンとメンバーが接する時間に関するルールは厳しくなっていった。観察の限りだが，国外のidolとファンが個人的に親しくなることはそれほど珍しくない。しかし，そうした関係性にペナルティを与える等の点でJKT48は日本的な慣習のもとに作り上げられ，日本の「アイドル」として成立している。

さらに**第2章**で触れたように日本では「アイドル」に休みはなく，過酷なスケジュールにある種の美徳が見出されている。JKT48のメンバーもほぼ毎日劇場とレッスン場に通い，公演後は深夜に至るまでリハーサルを行うことが珍しくなかった。元JKT48メンバーであり，AKB48出身の仲川遥香は自伝の中でそうした状況に対するストライキがあったことを綴っている（仲川 2016: 31-

---

7　新型コロナウイルス感染症（COVID-19）の影響を受けて以降は，公演を有料配信（一部無料配信もあり），デジタル写真集等を発売し，その特典としてZoomを使ったVideoCallイベントを開催している。またSHOWROOMを使った生配信も開始，アカデミー生を含め全メンバーが行っている。しかし経営状況がひっ迫していることも明かし，メンバー，スタッフの「再編成」が発表され，2021年2月をもって26人のメンバーがグループを離れることになった（JKT48, "Pengumuman Mengenai Restrukturisasi JKT48"［JKT48再編成についてのお知らせ］，2021年1月11日公開，https://www.jkt48.com/news/detail/id/1383?lang=id）。

37)。「『休みがない』なんて，やりたいことをやりに来ているんだから当たり前じゃん！　なんてあきれる」仲川の姿と泣きながら契約とスケジュールの改善を訴えるJKT48の現地スタッフおよびメンバーの間の乖離は明らかである。また仲川は「日本ならアイドルはこういうものだっていう一般的な前提」のなさから新人メンバーへの指導が難航したことを振り返ってもいる（ibid: 165-171）。いずれも是非はともかく，こうした慣習の違いに対し，基本的には日本の手法で「アイドル」を作り上げることを優先することによってJKT48は成立しているのではないかと考えられるだろう。

　2021年5月24日，『じゃかるた新聞』の報道によれば，日本とインドネシア間の「友好や理解促進のために活動を続けた」個人と団体に対し，在外公館長（大使）表彰の授与式が南ジャカルタの駐インドネシア日本大使公邸で行われ，JKT48は団体部門で表彰された（三好 2021）。同表彰について日本経済新聞社の地曳航也記者は「代表のガビさん（本文まま，メンバーのゲビー）は『努力と規律という日本の価値観を大事にローカライズしてきた』と話しました」とTwitterに投稿した（地曳 2021）。この投稿を文字どおりに受け取るならば，日本の価値観をそのままに「ローカライズ」を果たす存在としてJKT48を捉えることができる。

5　おわりに

　JKT48はAKB48のようにインドネシア国内で広く知られる存在ではないものの，数千人を収容するアリーナで単独コンサートを行うなど他の「idol」とは一線を画す規模で活動を行っている（**図11-5**）。その規模は，音楽番組やCMへの出演などアマチュアとはまず言い難い。オーディションも10期メンバーの募集まで行われ，多くの出場者の姿が特別番組で公開された[8]。その後これに追随するような，日本が直接プロデュースに関わる形式の「アイドル」は今のところインドネシアには誕生していない。

8　「Audisi JKT48 Academy」が2020年7月，民間放送局RCTIのオンラインストリーミングチャンネルRCTI+で放送された。2022年8月現在，11期メンバーオーディションの参加者を募集している。

図11-5　JKT48「KⅢ vs KⅢ Concert」会場

出所：2020年2月14日にジャカルタ・GORブルンガンで開催された。同日，調査協力者撮影。

しかし，2016年にはLumina Scarletが日本の企業と提携し静岡県浜松市で開催された音楽イベントに出演するなど，日本との連携事例は増えたといえる。また日本のアイドルである民族ハッピー組（旧名，演歌女子ルピナス組）は2016年ごろよりたびたびインドネシアでのイベントに出演し，2017年9月にはインドネシアの音楽レーベルAprilio Kingdomから楽曲をリリースするなどインドネシアとの関わりを深くしているということには言及しておきたい。

またインドネシアの周辺国タイを拠点に活動する姉妹グループBNK48の活躍は日本でも報じられ，「TOKYO IDOL FESTIVAL」にも2018年，2019年と2年連続でBNK48が，また2019年にはSiam☆Dream，2020年の「TOKYO IDOL FESTIVAL オンライン2020」には「TOKYO IDOL FESTIVAL オンライン2020 from Bangkok」として吉本興業所属のSWEAT16ら7組が出場するなどタイのアイドルシーンの隆盛が両国で目立っている。かつて松村洋はタイの音楽視聴に対する非対称性を指摘したが，タイのアイドルにも熱狂する日本のアイドルファンの姿を見るとポジティブな変化が起きているともいえる（松村2004: 82-83）。

本章で主に報告したのは，2010年代のインドネシアと局所的な事例だが，異なる価値観や習慣を背景とした時に日本式のアイドルがどのように受容，または拒絶されるかなどの点から日本文化としてのアイドルの特徴を浮かび上がらせることが可能になると筆者は考えている。それはアイドルという事象を多角的に検討し，捉える上で必要な視点である。

9　2016年5月22日，浜松駅前で開催された「ASIA MUSIC FESTIVAL 2016」に出演。Lumina Scarletにとって初めての訪日であった。
10「演歌女子ルピナス組，インドネシアにてメジャーデビュー」，https://lopi-lopi.jp/detail/15200/，2017年6月14日公開，lopi・lopi.

参考文献

秋元康・田原総一郎，2013，『AKB48の戦略! 秋元康の仕事術』アスコム.

秋元康，2015，「JKT48の躍進に見るクールジャパン成功のヒント～秋元康氏特別インタビ
　　ュー～」，https://dentsu-ho.com/articles/2329，『電通報』（2021年8月20日閲覧）.

五十嵐暁郎編，1998，『変容するアジアと日本──アジア社会に浸透する日本のポピュラー
　　カルチャー』世織書房.

岩渕功一編，2004，『越える文化，交錯する境界──トランス・アジアを翔るメディア文
　　化』山川出版社.

岩渕功一，［2001］2016，『トランスナショナル・ジャパン──ポピュラー文化がアジアを
　　ひらく』岩波書店.

地曳航也，2021，「AKBグループのJKT48が駐インドネシア大使表彰を最年少で受賞。代表
　　のガビさんは『努力と規律という日本の価値観を大事にローカライズしてきた』と話し
　　ました。韓国はBTS人気に乗りうまく東南アジアに投資を拡大しています。JKTはこれ
　　からも日本産コンテンツを引っ張ってほしいです Selamat! #JKT48」，https://twitter.
　　com/koyajibinikkei/status/1396769249209688064，2021年5月24日.

香月孝史，2014，『「アイドル」の読み方──混乱する「語り」を問う』青弓社.

剣持磨奈，2016，「現代インドネシアにおける『アイドル』の効果の研究──JKT48ファン
　　ダムのデータを元にしたアプローチ」，2015年度青山学院大学大学院総合文化政策学研
　　究科修士論文.

倉沢愛子，1994，『二十年目のインドネシア──日本とアジアの関係を考える』草思社.

Maria Cicilia Galuh, 2012, "Supergirlies Beli Lagu dari Girlband Jepang"［Super Girlies日
　　本のガールズバンドから楽曲を購入］，2012年1月29日公開，https://celebrity.okezone.
　　com/read/2012/01/27/386/564953/supergirlies-beli-lagu-dari-girlband-jepang，OKEZONE
　　（2021年8月20日閲覧）.

松村洋，2004，「タイの歌はきこえてくるか? ポピュラー音楽流通の非対称性をめぐって」
　　岩渕功一編『越える文化，交錯する境界──トランス・アジアを翔るメディア文化』山
　　川出版社，66-85.

三好由華，「2個人2団体に授与　友好と理解促進に貢献　大使表彰」『じゃかるた新聞』，
　　2021年5月25日.

仲川遥香，2016，『ガパパ! AKB48でパッとしなかった私が海を渡りインドネシアでもっと
　　も有名な日本人になるまで』ミライカナイ.

日本貿易振興機構（ジェトロ）生活文化・サービス産業，2014，「インドネシアにおける音
　　楽市場調査報告書」日本貿易振興機構.

千野拓政編，2019，『越境する東アジアの文化を問う──新世紀の文化研究』ひつじ書房.

白石さや，2013，『グローバル化した日本のマンガとアニメ』学術出版会.

JKT48 を好きになってみた

上岡 磨奈

　2015年6月4日，筆者は「JKT48を好きになってみた」と題して，なぜJKT48に出会ったかを研究調査の様子を記録するためのブログに綴った。

　　大学院で研究者を志す道を選んだものの，研究テーマに迷うようになり，最初に抱えた「イスラーム」と「日本」というキーワードだけを手に同じようなところを行ったり来たりしていた。指導教授から「オリジナリティはどこ？」と追及されるうちにライフワークであるアイドル鑑賞に救いを求めていた。（危機的状況にあろうとなかろうと常時アイドル鑑賞しているけど）

　　そこで思い出したのがJKT48の存在である。インターネットで「JKT48」「イスラーム」を検索すると，「インドネシアのような地域でアイドルなんて！」という，おそらくAKB48にもインドネシアにも関心は薄いであろうユーザーの叫びを皮切りに，種種の興味深い結果がたくさん引っかかって来て，とにかくJKT48はイスラームとは無関係ではないことがわかった。

　　とはいえ，研究テーマにJKT48を掲げるにはまだ抵抗があった。アイドルを研究対象に据えることには慎重な検討が必要だと思ったし，そもそも大学院で研究したかった事柄とはまるで違う対象に不満もあった。しかし，キャッチーで，意外にも，ほとんど知られていないJKT48の存在に教授も先輩，同輩も「面白いね！」と食いつき，半ばなし崩し的に「JKT48」に腰を落ち着けるところとなったのである。

　（http://jktdaisukiclub.hatenablog.com/entry/2015/06/04/120448）

　インドネシアに縁もゆかりもなかった筆者が上記のようなきっかけで初めて渡尼したのは，この年の5月のことであった。その後，インドネシアは筆者にとって某テレビ番組のキーフレーズを借用するならば「アナザースカイ」的な場所になり，

この調査の結果を詰め込んだ修士論文を書き終えた後も，JKT48が主たる調査対象ではなくなってからも，年に一度は渡航するようになった。元々アイドルファンではあったが，AKB48は発足したばかりの頃に数回観に行った程度でとりたてて詳しいわけではなかった。調査を始めるにあたってJKT48メンバーの名前を覚えるのにも一苦労し，はじめはさほど興味も持てずにいたのが正直なところである。しかし，ごく簡単な会話を交わすことができる程度だが，インドネシア語を習得し，メンバーや現地のファンと主にインドネシア語で話すようになってからは特に楽しく，この異国のフィールドは，誤解を恐れずにいえば新しい現場（好きなアイドルに会える場所）を兼ねるようにもなった。

　インドネシアのアイドルシーンの全体像を把握することは非常に難しい。それはオンラインにも残らないうちにデータが消失していくなど記録上の問題もあるが，それと同時にほとんどアマチュアのidolたちは，少し目を離すとどんどん数が増えていき，カバーする楽曲もどんどん広く深くなっていく。日本でもあまり知られていないコアなアイドルの楽曲をコピーし，ファンはYouTubeで見た「コール」をスマートフォンに表示しながら懸命に意味のわからない言葉を叫ぶ（意味がわからないのは外国語だからではなく，日本語ネイティブにも理解できない文字列の羅列だからである）。その状況も渡航するたびに変化していくので，現状を正確に記録していくことは不可能であろうと思う（もちろん日本のアイドルシーンにも近いことがいえる）。それでも現地の友人が新しい情報を知らせてくれるたびにインドネシアのアイドル文化への関心は深まるばかりであるし，自身の設定したテーマに沿ってできる限りの調査は続けていきたいと思わされるのである。

　2020年以降はこうしたフィールドワークを中断せざるをえない状況に追い込まれてしまったが，JKT48の場合，オンラインを「現場」に2019年までよりもかえって容易にインドネシアとつながることが可能になった。新型コロナウイルス感染症の影響によって始まったライブ配信やZoomでのビデオ通話イベントは，インドネシアを訪れる機会を失った筆者やインドネシア国外のファンにとって救いの手となった。むしろ日本にいながらにして海外のアイドルに触れることができるというのはありがたいことである。時差の2時間を計算しながら，メンバーやインドネシアの調査協力者でもある友人たちと久しぶりに拙いながらもインドネシア語でのお喋りを何度も楽しんだ。そして2022年8月現在は渡航制限の状況も変わり，また

インドネシアに行くことも現実的に考えられるようになっている。JKT48の人気は上がっており，渡尼したところで公演を見られるかどうかはわからないとも聞いているが，まずはインドネシアの空気を肌で感じたいと思う。

　冒頭のブログにあるように研究を始めた段階では，アイドルは研究対象としてまったく考えていなかったし，それどころか抵抗を感じていた。それからまだ10年も経っていないが，JKT48とインドネシアをきっかけに今の研究活動があると思うとなんとも感慨深い。研究のヒントはいつも意外で，近くにあるあまりに遠ざけたい事柄や，遠すぎてまったくの未知のものと感じている事柄と生涯を共にする可能性もある。どこに「アナザースカイ」があるかはわからない。ただ縁もゆかりもないとはいったが，筆者がこの世に生を受けた時に初めて会った方のお一人であろう母の担当産科医がインドネシアの出身で，名前のManaがインドネシア語の重要基礎語彙である「どこ」を意味するということに気付いた時は不思議な縁も感じた。

　バリを除いてインドネシアには行ったことがないという読者の方が多いのではないかと思う。日本語の旅行ガイド本にも「バリ」は多いが，「インドネシア」は非常に少ない。日本からの移動には約7時間かかる，自然と各地域の文化がたいへん豊かな島国だ。アイドルへの関心を機会に行ったところのない地域に足を運ぶというのは，それなりの勇気や準備も必要だが個人的には実り多い経験となった。また渡航は難しくとも，インドネシア語は入門レベルまでであれば学習者にとって易しい言語の1つであるのでおすすめしたい。本コラムが何かどなたかの新しい一歩に寄与するものとなれば幸いである。

第 12 章

「異なる文化圏のアイドル」はいかに評価されるか

──日韓合同 K-POP オーディション番組『PRODUCE 48』を事例として──

松本 友也

■1 はじめに

1.1 K-POPのトランスナショナル化

BTS のグラミー賞ノミネートや BLACKPINK の YouTube チャンネル登録者世界1位獲得（アーティスト内・2021年末時点）に象徴されるように，2010年代中盤以降の K-POP シーンは欧米圏を含めたグローバル市場において一定の成功を収めたとみなされている。[1] しかし注意しなければならないのは，その成功が単なる「韓国のアイドル」の「一方向的な世界進出」ではないということだ。金成玫や田中絵里菜をはじめとする多くの論者が指摘するように，K-POPのグローバルな展開は同時に，韓国以外の地域の文化との融合や，「K(Korean)-POP」自体の拡張，再構築を伴っていた。

たとえばそれは，楽曲やクリエイティブ，メンバー構成等を多国籍化・超国籍化するという意味での「トランスナショナル」化（金 2018: 183）であったり，あるいは「K-POP」というシステム自体を他地域へ輸出し，現地（ローカ

---

1 K-POP がどのような過程を経て「グローバルな成功」を収めたのかについては，以下の3冊を参照。金成玫, 2018,『K-POP 新感覚のメディア』岩波書店；田中絵里菜, 2021,『K-POPはなぜ世界を熱くするのか』朝日出版社；『ユリイカ 特集 K-POP スタディーズ』50 (15), 2018 年。

ル）の文脈に適合させつつ新たな要素を取り入れる「グローカライゼーショ
ン」（田中 2021: 231）であったりと，様々な形態で実現されている。日本におい
てもよく知られているケースとしては，TWICE等の所属する大手芸能事務所
JYP Entertainmentによる，日本人練習生を対象としたガールズグループオー
ディション番組『Nizi Project』が挙げられる。同番組の企画が発表された
2018年のカンパニービジョン発表会において，同社代表のパク・ジニョンは
まさに「GLOBALIZATION BY LOCALIZATION」というテーマを掲げてい
た。また，SM entertainmentによる中国拠点グループのWayVや，Mnetによ
る日本・韓国・中国語文化圏（中国・台湾・香港）合同のサバイバルオーディシ
ョン番組『GIRLS PLANET 999』など，多くの芸能事務所や放送局が
「K-POP」の地域的・国籍的な拡張を模索し始めている。

1.2　「K-POP」と「日本のアイドル文化」の邂逅

　こうしたK-POPのトランスナショナル化に伴う興味深い現象のひとつが，
それぞれ異なる社会的・文化的・経済的コンテクストのもとに独立して発展し
てきた「K-POP」と「日本のアイドル」という2つの異なるアイドル文化の接
触である。上述の『Nizi Project』や『GIRLS PLANET 999』をはじめ，近年
のグローバルK-POPオーディション番組にはしばしば「日本ですでにデビュ
ー経験のある（元）アイドル」が参加している。このことは，2010年代初頭の
K-POPブーム以来たびたび繰り返されてきた「日韓のアイドル文化の比較言
説」について実地検証する機会を，ほとんど初めてもたらしているという点で
興味深い。もちろんこれまでも，K-POPアイドルを目指して渡韓する日本人
のアイドル志望者は珍しくなく，TWICEやCherry Bullet，NCT 127のように
日本人メンバーが所属するグループもすでにいくつも存在している。しかし，
「日本においてデビューし，日本のアイドル文化の中で活動してきた（元）アイ
ドル」が，「K-POP」的な基準で評価されるサバイバルオーディションに次々
と参入するという事態はこれまでにない変化といえる。そこではいわば，「日
本のアイドル文化」と「K-POP」の評価基準の「衝突」が起きていると考えら

2　「JYP 2.0」, 2018, JYP Entertainment,（2021年8月22日取得, https://www.youtube.com/watch?v=08257W8sdNs）.

れる。

　この衝突は，それぞれの国のプロデューサーやメディア，ファンの間で幾度も繰り返されてきた日韓のアイドル文化を比較する言説，とりわけ「日本のアイドルはファンとのコミュニケーションを重視し，韓国のアイドルはパフォーマンスの実力を重視する」，「日本のファンは成長途中や未完成の姿を好み，韓国のファンは完成形を求める」といった言説に対し，実例ないし反例を提示するような役割を果たす。こうした言説には，それぞれのアイドル文化圏の特徴を相対化し，これまで認識されていなかった性質や評価軸をあぶり出す機能がある一方で，それぞれのアイドル文化圏について，ほとんど実情にそぐわないステレオタイプな認識の固定化をもたらす危険も備えている。この点については，そもそも「日本のアイドル」や「K-POPアイドル」といった括り自体がそれぞれのシーンの多様性を捨象し，実態に即した比較を難しくすることにつながっているという指摘もありうるだろう。

　いずれにせよ，トランスナショナルなサバイバルオーディション番組における異なるアイドル文化の評価軸の「衝突」は，こうしたステレオタイプを検証するケーススタディとして，あるいはファン自身がそうしたステレオタイプをどのように受け止めていたのかを確認する機会として興味深い。あるアイドル文化圏に属するアイドルやファンたちは，自分たちの親しんできたものとは異なるスタイルや活動基盤，ファン層，審美的基準をもつアイドル（文化）を前にした時，それをどのように受け止め評価するのか。サバイバルオーディション番組はこうした問いを喚起することで，自分たちの自明視していたアイドル文化を再検討し，これまで十分に認識されてこなかった固有の特徴に光を当て

3　たとえば，AKB48グループのプロデューサーである秋元康は，2011年10月に行われたトークイベントで次のように述べている。「少女時代はやっぱりすごいですよ。ダンスの能力であり，スタイルであり，歌にしても。でも，少女時代のオーディションがあった時に，何人が『受けてみよう』と思うかなと。AKBの一番の面白さは『私も受かるかもしれない』『私だって受かるわ』というところがいいんですよ」（2021年9月24日取得，https://www.itmedia.co.jp/makoto/articles/1110/28/news022_5.html）。また，香月孝史は「アイドル」を定義することの難しさを論じる上での例示として，日本のアイドルとK-POPの比較言説を取り上げている（香月 2014: 18-21）。実際にK-POPアイドルとしてデビュー経験のある藤原倫己も，日韓のファンの性質の違いとして，「成長過程を楽しむ日本／完璧を求める韓国」という差異があるとしている（藤原 2018: 158）。

るきっかけを与えてくれる。

1.3　先駆的事例としての『PRODUCE 48』

　本章では上記のような見立てのもとに，トランスナショナルなサバイバルオーディションの先駆的な事例として，2018年に韓国の放送局Mnetで放送された視聴者投票型サバイバルオーディション番組『PRODUCE 48』を取り上げる。同番組は2016年にスタートした視聴者投票型サバイバルオーディション番組「PRODUCE 101」シリーズの3シーズン目にあたる番組である。同シリーズでは，様々な芸能事務所から参加した約100名の「練習生」（韓国におけるアイドル志望者の総称）が，11 〜 12名のデビュー枠をかけ，パフォーマンス課題に取り組む。また，練習生の評価は全4回の視聴者投票（投票は韓国国内からのみ可能）によって行われ，投票のたびに規定順位に満たなかった練習生が落選していくシステムとなっている。『PRODUCE 48』は，シリーズ初となる海外とのコラボレーション企画で，その名のとおり日本のAKB48グループとの協働開催となっている。姉妹グループを含むAKB48グループからの参加者は33名で，その中にはAKB総選挙で10位以内に入る人気メンバーも複数名含まれていた。なお番組では最終的に韓国人メンバー 9名，日本人メンバー 3名がデビューを勝ち取り，12人グループのIZ*ONE（アイズワン）が結成された（2018年10月から2021年4月まで活動）。

　同番組が放送されたのは2018年であり，前述のようなトランスナショナルな文脈がどの程度ふまえられて制作されていたのかは定かではない。しかし，同番組は「日本のアイドル文化のなかで活動してきたアイドルが，K-POPシーンにおいて（再）デビューを目指す」典型的な事例であり，前述の問題意識に関する格好のケーススタディといえる。K-POPシーンの担い手たちは，どのように「他国のアイドル文化」としての「日本のアイドル」を評価したのか。[4] そこで，ステレオタイプ的な認識はどのように反復ないし更新されたの

4　『PRODUCE 48』にはAKB48グループのメンバーしか参加していないため，「日本のアイドル」という総称を用いるのは本来妥当ではない。しかし本章ではあくまでも番組内の認識としての「日本のアイドル」観を扱うため，基本的に「日本のアイドル」という総称をそのまま用いる。

か。『PRODUCE 48』はまさにこうした問いを検証するための貴重な機会をもたらしたのである[5]。

1.4 視聴者投票制度が促す「評価軸の内省と自覚」

「異なるアイドル文化圏同士の評価軸の衝突」を分析する上で『PRODUCE 48』が適しているといえる点をもうひとつ挙げるとすれば，それは同番組が「視聴者投票型のサバイバルオーディション」であることだ。この点について説明するために，まずはK-POPにおけるサバイバルオーディション番組の位置づけについて解説したい。

韓国においては，2011年放送開始の『K-POPスター』以来，多数のアイドルサバイバルオーディション番組が放送されており，実際に多くの人気K-POPグループが，これらのプログラムからデビューしている。デビューのためにハードかつ長期間の練習生生活を強いられるK-POPアイドル志望者にとってサバイバルオーディションは大きなチャンスであり，仮にデビューに至らなかったとしても，番組内で活躍すればファンや知名度，新グループ加入のチャンスなどを得ることができる。また，事務所にとっても，デビューまでのプロセスそのものをコンテンツ化することで，デビュー前にファンや話題性をある程度確保できる。1組のK-POPグループがデビューするにあたり，約2億8,000万円もの開発費や教育投資がかかるという説もあるなかで，デビューの失敗を少しでも回避できるサバイバルオーディションは事務所にとってもメリットが大きい（田中 2021: 161）。

また，サバイバルオーディションはファンからの人気も高い。金によれば，『K-POPスター』のようなサバイバルオーディション番組が人気を博した要因は，大手事務所のプロデューサーたちが直々に審査を行ったことにあるのだという。ベールに包まれていた「アイドルの評価基準」がプロデューサーによって明確に言語化されることで，視聴者も「アイドルの見方」を学ぶことができ

---

5 実際に『PRODUCE 48』を日韓比較の事例として分析した先行研究として，以下の2文献が挙げられる。田島悠来，2020，「『アイドル』イメージの差異の表象──日韓合同オーディション番組『PRODUCE 48』を事例に」『帝京社会学』33: 89-108；君塚太，2018，「『PRODUCE 48』から見えてきた『K-POPとJ-POP本当の違い』」『ユリイカ』50 (15)：166-171.

183

る（金 2018: 167）。また，プロデューサーの評価に対して，自分なりの「アイドルの見方」を語り合うという楽しみもあったと考えられる。

　「PRODUCE 101」シリーズの「視聴者投票」という制度が大きな反響を呼んだのも，そうした語り合う楽しみを視聴者が学んでいたからだと考えられるだろう。同シリーズにはパフォーマンスを評価するメンターも存在するものの，実際の審査は「国民プロデューサー」（番組内での視聴者の呼称）である視聴者が行う。メンターが提示する評価に影響されたり，あるいは反発したりしながらも，視聴者は自分なりの基準に従って評価ないし投票を行っていくことになる。

　ここで興味深いのは，熱心な視聴者がいわゆる「布教」活動を行うことである。練習生は投票数を増やさなければデビューできないため，それぞれの練習生のファンは，まだ「1pick」（いわゆる「推し」＝最も応援している練習生）が決まっていない視聴者や，投票枠を余らせている視聴者に対して自主的にSNSや街頭広告，イベントなどを通じた布教活動を行う。ファンは番組を視聴する過程で，数多くの練習生の中から応援（投票）する対象を絞り込んでいく。さらには，その応援対象の魅力を他の視聴者に向けて発信する。視聴者投票型サバイバルオーディションが要求するこうしたプロセスが興味深いのは，それが「なぜ他の練習生ではなく，その練習生を評価するのか」という問いの掘り下げや，他者に共有可能な形での言語化をファンに促している点である。他視聴者への布教を通じてファンは，むしろ自分自身がどのような評価基準でアイドルを観ているのかを否応なく自覚することになる。このことは，「異なる文化圏のアイドル」である日本人練習生を，在韓のファンがどのように受け止めたのかを理解する上でも役に立つといえる。

❷ 『PRODUCE 48』における「日本のアイドル」評価

2.1　「日本のアイドル＝実力不足」という図式の提示

　では実際に，『PRODUCE 48』において「日本のアイドル」はどのように認識・評価されたのだろうか。

　まず指摘しておくべきは，「日本人＝実力不足」という従来のステレオタイ

プをなぞる図式が，番組開始直後から明確に示されていたことだ。プログラムの最初に行われるクラス分けテストでは，日本側の約半数近いメンバーが最低ランクのF評価となり，A評価を得たのは2名のみという，かなり極端な結果が示された（なお韓国人練習生のA評価は13名，F評価は2名）。メンターからも日本人練習生のスキル不足が酷評され，日本のアイドル事情を知るメンターや日本人参加者自身からは，「日本のアイドルは練習生期間を経ずにすぐにデビューする」，「日本ではボイストレーニングを受けたことがない」，「日本ではパフォーマンスよりも愛嬌や盛り上げが重視される」といった趣旨の発言があり，「日本人は（K-POPアイドルとしては）スキル不足」という見立てがはっきりと示される演出となっていた。

2.2　日本人練習生の評価上昇と，「日本のアイドル」評価の後景化

　しかし中盤以降では，むしろ日本人練習生へのポジティブな評価・演出が目立っていく。たとえば言語の通じない中で奮闘する姿やコミカルなキャラクター，表情演技や「愛嬌」の巧みさといったアイドルとしての魅力にフォーカスが当たったほか，振り覚えの速さや舞台度胸といったプロとしての実践経験の豊富さも好意的に取り上げられた。また，ライターの鈴木妄想は日本人練習生が評価された理由として，日本人（AKB48グループ）練習生がもつ，パフォーマンススキルに還元されない魅力（「"負けられる強さ"」）を挙げている（鈴木 2019: 79）。

　こうした魅力の「発見」に加え，前半の酷評を布石とするような演出も奏功してか，中盤以降，日本人練習生は視聴者投票の順位を徐々に上げていく。[6]番組開始直後の投票では，上位の日本人練習生は元々知名度の高いメンバーばかりだったが，次第に本田仁美や下尾みうといった，それまでAKBグループ内でも知名度が高くなかったといえるメンバーが票数を伸ばしていく。[7]ま

6　「PRODUCE 101」シリーズの投票数や順位に言及する際には，番組側による投票数の不正操作の存在を念頭に置く必要がある（番組終了後の 2019 年 11 月に事後的に発覚し，番組プロデューサーらは詐欺等の容疑で起訴され，2021 年 3 月に実刑が確定）。『PRODUCE 48』において不正が行われたのは第 4 次投票（最終投票）のみとされるため，本章では第 3 次投票までの結果については不正操作のないものとして扱う。

7　本田仁美は第 10 回 AKB 選抜総選挙 82 位，『PRODUCE 48』初回放送時順位 30 位，第 1

た，デビュー圏内である12位以上の順位を見ても，常に4〜6名程度は日本人練習生がランクインする結果となった。

　しかしこの結果をもって，「日本のアイドル文化」がK-POPアイドルシーンにおいて認められた，と解釈するのは早計といえる。たとえば田島悠来は，日本人練習生が評価を得たのは，番組序盤で提示された「韓国＝実力vs.日本＝魅力」という図式をふまえた上での「日本のアイドルにしては実力がある」というギャップによる高評価にすぎず，「日本のアイドル文化」に対するステレオタイプな評価はむしろ強化されているのではないかと指摘している（田島2020: 102）。また田島は，最終的にデビューした日本人3名が，クラス分けテストの再評価においていずれもA評価を得ていたという事実もあわせて指摘している。これは，結局のところ早い段階で実力面においても一定程度優秀（＝「K-POP」の基準に合致している）とされた日本人練習生が評価されただけにすぎず，「日本のアイドル」へのステレオタイプは更新されるどころかむしろ強化されているという可能性を示唆している点で重要である。実際に，脱落者も増え個人戦としての色彩が強まる番組後半においては，そもそも「日本人練習生」というカテゴライズ自体が後景化し，番組中の演出としてもほとんどフォーカスされなくなる。そのため最終的に評価された日本人練習生についても，あくまでも「K-POPアイドル」としての実力が評価されただけにすぎないという捉え方には一定の妥当性があるように思われる。いずれにせよ，少なくとも『PRODUCE 48』という番組内においては，「日本のアイドル（文化）」のイメージは従来のステレオタイプの踏襲にとどまり，それ以上掘り下げられることはなかったといえる。

3 ファンがもたらす評価のダイナミズム

3.1　在韓ファンが見出す「日本のアイドル文化」の魅力

　それでは結局，『PRODUCE 48』における異なるアイドル文化同士の接触は，それぞれの持つ「アイドルの評価軸」を揺るがすに至らなかったと結論づ

回12位，第2回12位，第3回11位。下尾みうは，第10回AKB総選挙圏外，『PRODUCE 48』初回放送時順位41位，第1回36位，第2回22位，第3回10位。

けるべきなのだろうか。たしかに，田島の指摘に即して確認したとおり，番組の演出内においては少なくとも，ステレオタイプが更新されたとは言えなかった。

　しかし，練習生たちを評価する役割を担っていた韓国国内の視聴者（ファン）の姿に着目すれば，同番組のもたらした「異なる文化圏のアイドル」との邂逅が，評価軸やステレオタイプの揺らぎをもたらす契機になっていた事実が見えてくる。というのも，第 1 節で確認したとおり，視聴者投票型サバイバルオーディション番組を視聴するファンは，投票や布教のプロセスを通じて「なぜその練習生に惹かれたのか」についての言語化を促されている。その練習生が日本のアイドル文化圏出身者であれば，そのルーツとしての「日本のアイドル文化」にファンが関心を持つのも自然なことといえる。実際，『PRODUCE 48』の放送期間中には，それぞれの日本人練習生の日本での活動時の動画が，韓国語や英語の字幕付きで SNS や動画サイト等にさかんにシェアされていた。ファンがそこで得た「日本のアイドル文化」についての認識を，布教のために自国のファンに向けて発信するという状況を想定すれば，その受容と布教のプロセスの中でステレオタイプが更新されていく可能性は十分にあると考えられる。

　以下ではこのような見立てのもと，在韓ファンの「日本のアイドル文化」へのイメージの更新を示す一例として，ある在韓ファンのブログ記事を検討したい（MC 워너비 2018, 以下，引用はすべて同記事より）[8]。

　「人格の到着 宮脇咲良」と題されたこのブログ記事において著者は，「最終的にデビューメンバーに選ばれた宮脇咲良が，いかに従来の K-POP アイドルと異なる魅力を持っているか」を論述している。注目すべきは，その論述が「日本のアイドル文化をステレオタイプ的に低く評価し，例外として宮脇咲良を高く評価する」といったものではなく，むしろ日本のアイドル文化の特徴自体を解釈し直すようなものとなっていることである。以下では在韓の K-POP ファンと思われる著者がどのように「日本のアイドル文化」を受け止め，それと K-POP 文化との関係を位置づけ直したのかについて確認していきたい。

8　引用にあたっては，DJ 泡沫による日本語訳も参照した（2021 年 8 月 22 日取得，https://nenuphar.hatenablog.com/entry/2018/10/14/155954）。

3.2　ファンが更新するステレオタイプ

　著者は記事中において，宮脇咲良が『PRODUCE 48』で視聴者から大きな支持を得ることに成功した要因を，K-POP業界の類型的なキャラクターとは異なるそのパーソナリティ（人格）に見出している。著者によれば，宮脇咲良がK-POPアイドルと異なるのは，洗練されたルックスや雰囲気と，コミカルで抜けたところのある親しみやすさの「ギャップ」等ではなく（こうしたキャラクター性自体はK-POPシーンにおいてもよく見られると著者は指摘する），時に人生や政治にまで及ぶ発言の幅広さや自由さ，内省の深さなど，類型的な「キャラクター」を超えた複雑な「人格」をそのまま表出する点においてであるという（「咲良は美しくてダンスのうまいアイドルではなく，興味深く複雑な人格体として韓国のアイドル市場にやってきた」）。

　ここでは，この評価の妥当性は検討しない。むしろ注目したいのは，著者がここで導入している「キャラクター／パーソナリティ（人格）」の対比である。著者は「キャラクター」を「マネジメント側が用意した設定」，「ファンに受け入れられやすい性格類型」といったニュアンスで用い，「パーソナリティ」をそうした設定や類型に収まらないアイドル自身の主体性や意志，人格といったニュアンスで用いているが，これらはいずれも従来の日韓比較のステレオタイプな図式における「魅力」ないし「コミュニケーション」にあたる要素といえる。つまり著者はここで，「実力」に対比される形である意味雑に捉えられがちだった「魅力」の概念を，ステレオタイプを更新するような形で細分化しているのである。さらにその上で著者は，キャラクターやパーソナリティといった要素がK-POPシーンにおいても重視され始めていることもあわせて指摘している。この2つの指摘によって，著者は「日本のアイドル文化」を優位に立たせるような形でステレオタイプの転倒ないし更新を試みている。

　著者は続けて，日本のアイドルが韓国のアイドルに比べて「パーソナリティ」の演出に長けている要因を日韓のアイドルシーンの違いに見出す。

　　韓国のアイドルが1から10まで芸能事務所の管理する専門的人材だとしたら，日本のアイドルはトレーニングもマネジメントも受けられないままに各自が躍進する自営業者である。日本のアイドル産業は，ゲームやコミックス産業のように収集欲

求と愛着感情を持つオタクを消費者とするキャラクター産業だ。木ノ葉の里やポケモンワールドのように，数百名のメンバーで構成されたアイドルワールドが存在していて，そこに投げ込まれたアイドルは自分のパーソナリティをキャラクターとして〔自身の〕販促活動を行う。そのため，芸能事務所の決めた類型化されたキャラクター〔中略〕がすべてであるようなK-POPアイドルに比べ，より多彩なキャラクターや物語，関係性を構築する。(MC 워너비 2018)

　この箇所は在韓ファンならではの分析として興味深く，また「数百名のメンバーで構成されたアイドルワールド」を仮に『PRODUCE 48』を指すものとして読み替えれば，「なぜ日本人練習生が同番組において好成績を残せたのか」を論じた記述としても捉えることもできる。ただやはり，この分析の妥当性自体はここでは重視しない。というのも，「日本のアイドル」を優位に置くこの図式もまたある種のステレオタイプであることは疑いえなく，たとえば「類型化されない複雑なパーソナリティをもつK-POPアイドル」を反例として挙げることは容易に可能であるからだ。

　むしろ重要なのは，ここに「ステレオタイプの更新可能性」が示されており，またその更新のプロセスが実際に提示されていることである。記述を素直に受け取るのであれば，在韓のK-POPファンである著者は，『PRODUCE 48』というプログラムを通じて初めて「日本のアイドル」に出会い，惹きつけられた。その魅力を深掘りする過程で，著者にとって馴染みないであろう「日本のアイドル文化」について理解を深め，これまで繰り返されてきた（日本のアイドルがしばしば劣位に置かれがちな）「韓国＝実力，日本＝魅力」というステレオタイプを退け，「日本のアイドル」固有の（見方によっては「K-POP文化」よりも優れていると捉えうる）美点を在韓のK-POPファンにも伝わる形で言語化した。そこで提示されているものもまた，新たなステレオタイプであることは否定できないものの，著者がそこで「ステレオタイプの更新可能性」を提示し，多様な解釈の可能性を示してみせていることは重要である。

4 おわりに

　トランスナショナルなアイドル現象を検討する際には，そこで必ず一定数生じる，「異なる文化圏の練習生やアイドルのファンになる層」の存在を意識する必要がある。ファンは今まで関心をもっていなかった他のアイドル文化圏の存在を発見し，自らの属すアイドル文化圏と照らし合わせ，その差異を読み解こうとする。また，そこで見出した差異を，自国のアイドル文化圏でも評価されうる仕方で戦略的に再解釈しようとする。そんなファンの営為によって，ステレオタイプは重層化され，理解の枠組みは豊かになっていく。こうした機会を生み出せることが，トランスナショナルなアイドル現象の意義のひとつであることは間違いない。それが促すのは，「わたしたちは何をもってアイドルを評価するのか」という問いの，絶え間ない自問自答なのである。

参考文献

DJ泡沫，2019，「TWICE，NCT，IZ*ONE，公園少女……K-POPグループで活躍する日本人メンバーの変遷を追う」，Real Sound，（2021年9月13日取得，https://realsound.jp/2019/02/post-323290.html）.

藤原倫己，2018，「国際-POPの空間を夢見て」『ユリイカ』50（15）：157-161.

香月孝史，2014，『「アイドル」の読み方——混乱する「語り」を問う』青弓社.

君塚太，2018，「『PRODUCE 48』から見えてきた『K-POPとJ-POP本当の違い』」『ユリイカ』50（15）：166-171.

金成玟，2018，『K-POP——新感覚のメディア』岩波書店.

MC 워너비，2018，인격의 도착 미야와키 사쿠라，brunch，（Retrieved August 22, 2021, https://brunch.co.kr/@mcwannabe/189）.

鈴木妄想，2019，「『PRODUCE 48』が切り開いた新たな可能性」『ミュージック・マガジン』51（4）：78-81.

田島悠来，2020，「『アイドル』イメージの差異の表象——日韓合同オーディション番組『PRODUCE 48』を事例に」『帝京社会学』33: 89-108.

田中絵里菜，2021，『K-POPはなぜ世界を熱くするのか』朝日出版社.

유성운，2018，AKB48은 왜 한국 연습생들을 넘지 못했을까，중앙일보，（Retrieved August 22, 2021, https://www.joongang.co.kr/article/22780851）.

声優とアイドル

中村 香住

　「声優」と聞いて思い浮かべるのは，どのような職能だろうか。声優は，元々は
アニメなどの映像作品や音声作品に声だけで出演する役者として認識されていた。
今でもそれが本分であることには変わりないだろう。しかし現在では，日本の声優
は歌ったり，踊ったり，ラジオのパーソナリティを務めたり，雑誌のグラビアに出
たり，写真集を発売したりすることもある。

　このように，声の演技以外の様々な活動もマルチにこなすようになった声優のこ
とを，「アイドル声優」「声優アーティスト」などと呼ぶことがある。「アイドル声
優」は1990年代半ば頃から広まりはじめた呼び方だとされている。「アイドル声
優」と呼ばれるような現象は，1992年に放映開始されたアニメ『美少女戦士セー
ラームーン』のヒットによって引き起こされた第3次声優ブームの際から見られは
じめた。当時，林原めぐみや椎名へきるといった声優たちがレコード会社と契約し
て音楽活動を行うようになり，その売れ行きも好調で，「歌う声優」の先駆者とな
った。1994年には，声優雑誌として『声優グランプリ』（主婦の友社）と『ボイスア
ニメージュ』（徳間書店）の2誌が創刊され，声優のグラビアやインタビューも掲載
されるようになっていった。第3次声優ブームは女性声優を中心としたものだった
が，この時期に家庭用ゲームが流行したことも手伝い，数年後からは男性声優の人
気も高まってきた。また，声優がひとりでアーティスト活動を行う形のみならず，
声優複数人でユニットを組んで活動する「声優ユニット」も出現している（図❼
-1）。

　しかし，今では，「アイドル声優」という言葉を聞く機会はむしろ少なくなって
きたように思える。それは「アイドル声優」が存在しなくなったのではなく，声優
の「アイドル化」「タレント化」現象がさらに進み，「アイドル声優」のような売り
方が声優（特に若手声優）のスタンダードのひとつになってきたため，とりたてて

図❼-1 声優ユニット「TrySail」のライブ会場

出所：ロビーに設置されていたアーティストパネルと記念撮影した筆者の写真。

「アイドル声優」と言う必要すらなくなってきていることを示している。

その他にも，最近では，特にアイドルグループをテーマにしたメディアミックス作品の場合，ゲームやアニメ内でアイドルキャラクターの声を演じている声優自身が，ライブで実際にそのアイドルとしてステージに立ち，パフォーマンスを行うことがある。こうした様態を指す用語にはまだ定まったものがないが，本コラム執筆時点では「2.5次元アイドル」と呼ばれることが比較的多い。典型例としては，「アイドルマスター（THE IDOLM@STER）」シリーズや「ラブライブ！」シリーズが挙げられる。また，現在ではアイドルのみにとどまらず，ガールズバンド（「BanG Dream!（バンドリ！）」），舞台少女（「少女☆歌劇 レヴュースタァライト」），DJ（「D4DJ」，「電音部」）などの様々なキャラクターを扱うコンテンツが，開始当初から「2.5次元」的展開を目して制作されるようになってきている。

声優とアイドル産業との関係性も複雑になってきている。たとえば，2012年に結成された「i☆Ris」は「アニソン・ヴォーカル・アイドルユニット」を謳っており，一般的なアイドルグループとしてライブなどを行うと同時に，メンバー全員が声優としても活動している。また，i☆Risのメンバーはアイドルをモチーフにしたメディアミックス作品「プリパラ」のメインキャラクターの声優を務めており，TVアニメ版のオープニング曲もi☆Risが歌唱している。2016年に結成された「22/7（ナナブンノニジュウニ）」は，秋元康プロデュースのもと，「デジタル声優アイドル」として活動している。メンバーは，キャラクターと，そのキャラクターの声優を務めるリアルメンバーから構成される。キャラクターがバーチャルアイドルとして冠番組である『22/7 計算中』（TOKYO MX・BS11）への出演などの活動を行っている一方，リアルメンバーも実際にアイドルとしてライブ活動などを行っており，バーチャル／リアル双方の展開があるのが特徴である。最近では，バーチャル側の試みとしてキャラクターによる配信ライブも開催されており，このライブパフ

ォーマンスには（『22/7 計算中』と同じく）リアルアイドルの動きをモーションキャプチャしたものが用いられている。「=LOVE（イコールラブ）」は，元HKT48の指原莉乃がプロデュースを行い，声優学校として著名な代々木アニメーション学院による「声優教育」を施した新しい「声優アイドル」を作ろうという試みのもと，2017年に誕生した女性アイドルグループである。メンバーは=LOVEとしてアイドル活動を行うとともに，時に声優を務め，時に2.5次元舞台にも出演している。2019年には「≠ME（ノットイコールミー）」，2022年には「≒JOY（ニアリーイコールジョイ）」も姉妹グループとして誕生した。ただし，≠MEと≒JOYは，代々木アニメーション学院がマネジメントを行っている点では変わりないものの，公式プロフィールで「声優アイドル」を謳っておらず，「声優」色は徐々に薄れてきていると言える（とはいえ，たとえば≠MEの蟹沢萌子は，声優として活動を行っている）。

　近年の声優とアイドルにまつわる動きとしては，アイドル出身の声優が目立って増えてきたことが挙げられる。たとえば，元さくら学院の佐藤日向，元私立恵比寿中学の矢野妃菜喜，元X21の大西亜玖璃，元AKB48の平嶋夏海，元NGT48の長谷川玲奈，元PASSPO☆の根岸愛，元転校少女*の岡田夢以など，具体的な人名を挙げればキリがないほどだ。興味深いのは，こうした声優の多くが，先述した「2.5次元アイドル」ないしはそれに類するメディアミックスプロジェクトのキャラクターを務めている点である。今まで以上に「歌って踊れる」声優が求められるようになっている現在，アイドルのセカンドキャリアの一ジャンルとして「声優」が台頭してきたと言えるのかもしれない。さらに，ハロー!プロジェクト所属のBEYOOOOONDSのメンバーである高瀬くるみ（『プラオレ!〜 PRIDE OF ORANGE 〜』藤代もな役，『シャインポスト』唐林青葉役）のように，アイドルとして活動をしながら，余技としてではなく声優活動を行う人も出現している。

　このように，声優とアイドルの近接性はますます増しており，その関係性も複雑化している。一方，声優のファンとアイドルのファンは必ずしも層が重なるとは言えない。そうした点から，声優の「アイドル化」と一般的なアイドル産業の共通点と相違点を考察してみるのも面白いかもしれない。それは翻って，「アイドル声優」の「アイドル」とは何を意味しているのかをあぶり出すことにもつながるだろう。

第 13 章

台湾社会運動の場における「アイドル」文化現象

陳 怡禎

1 はじめに

　筆者が台湾でインタビュー調査を実施した際，あるインフォーマントはこのように発言した。

　　私は彼のファンです。彼の地元か姿が現れそうなところに会いに行っていました。（インフォーマント，20代女性，インフォーマントの語りに関する日本語訳は筆者による）

　前後の文脈を無視してこの一言だけを切り取ってみれば，熱心なアイドルファンがアイドルを追っかけているような発言に見えるだろう。

　しかし，実はこの発言は，2014年に起きた近年の台湾で最も大規模な社会運動である「ひまわり運動」の参加者の「運動リーダー」[1]に対するものである。筆者は台湾社会に大きな影響を与えている「ひまわり運動」を研究対象として2015年より様々な調査を行ってきたが，運動リーダーを一目見るために社会運動の現場に集まった「ファン」が少なくなかったことは興味深い現象であった。実際に，運動当時でもそのような現象について，多くのマスメディア

1　本章においてこのように「リーダー」と表記している意図については 3.1 で詳述する。

や評論家が「運動リーダーのアイドル化」²を評し，賛否両論の意見を挙げていたほどに注目を集めていた。

　本章では，このような現代社会運動でもまれに見る，運動参加者がリーダーをアイドルに読み替えて消費するという特殊な文化現象に焦点を当て，考察していく。具体的には，「ひまわり運動」の特徴を簡単に紹介してから，次に挙げる2点を考察する。まず，①社会運動に参加している若者たちは，どのように運動リーダーをアイドルに読み替えて「ファン活動」を行っているのかについて，具体例を挙げながら，その文化実践の場面を明らかにする。さらに，②本来，一般的に「アイドル」として想起されやすい「芸能ジャンルでのアイドル」とはかけ離れた存在だと言える社会運動のリーダーは，なぜ「アイドル」として語られ，求められているのかを考察し，台湾の社会運動の場における「アイドル」という言葉の語義を確認する。

2　台湾「ひまわり運動」とは

2.1　誰でもいつでも参加できる社会運動

　台湾の「ひまわり運動」は，2014年3月18日から4月10日まで，約3週間にも及んだ，1990年代以降の台湾社会運動史上で最も大規模な社会運動である³。20代以上の若者を中心におよそ50万人以上⁴が集結していたこの社会運動の最大の特徴といえば，参加者たちは，社会運動を特別な出来事というより自分自身の日常活動の延長線上にあるものだと捉え，社会運動に参加しなが

2　たとえば，台湾の大手テレビ局東森新聞は，「林飛帆，国会議場に戻った。学生たちは，アイドルを見たように歓声をあげる（林飛帆重回議場 學生如見偶像歡呼）2014.3.30」を題に，運動に参加した学生は，運動リーダーと呼ばれる林をアイドルのように迎えた光景を報じた。

3　この運動の発端となるのは，2013年6月に中国と台湾の間で，「両岸服務貿易協議（両岸サービス貿易協定）」が締結されたことに遡る。協定の締結までのプロセスに異議を唱えた学生運動組織が2014年3月17日の夜に議場を占拠したことで，ひまわり運動の幕が上がった。

4　陳・黄（2015）は，台北大学社会学部の学生を率いて調査プロジェクトを立ち上げ，2014年3月25日から29日にかけて，議場外の占拠現場でアンケート調査を実施し，ひまわり運動参加者の構成を調査した。その調査結果によれば，20代の参加率は最も高く66.8%を占めていることがわかった。

ら，日常的な文化実践を同様に行う点である[5]。

　ここでは，具体的に「ひまわり運動空間のなかの日常的文化実践」とは何かについてさらに説明しよう。「ひまわり運動」は従来の社会運動のように，1日か数時間に特定の場所に集結し抗議活動を行うのではなく，長期間かつ広範囲で行われた社会運動である[6]。そのため，多くのジャーナリストや研究者は，運動参加者が，生活リズムを崩さずに占拠現場に出入りしている一方，運動空間においても日常的営みを実践していたと指摘している（港 2014; 福島 2016; 陳 2019, 2020）。

　また，筆者は2014年3月29日の夜に，何度も運動現場に足を運んでいた経験を持つ友人たちに同行し，ひまわり運動の占拠現場に実際に赴きフィールドワークを行った。政府に抗議する声を上げる社会運動のため，占拠現場の雰囲気は壮絶で緊張感が溢れるかと思いきや，同行の友人だけでなく，現場に集まった参加者たちの表情は穏やかでリラックスした様子だった。

　主な占拠現場である台湾の国会議場の周辺道路において，参加者たちはコーヒー片手に適当に座って他の参加者と歓談したり，教科書を持って黙々とテスト勉強をしたりし，各々で日常的営みを行う様子がうかがえた。さらに，路上パフォーマンス，講演会など，様々な集まりもあちこちで行われ，運動現場を賑わせていた。それらの小さな集会は，誰かが事前に計画を持ってイベントを開催するものではなかったため，運動の参加者は，何時，どこでどのような集まりがあるのか，特に知らされていなかった。そのため参加者たちも常に占拠現場を歩きまわり，自分自身の趣味関心に沿って様々な集まりに自由に参加した様子がうかがえた。

2.2 「日常」のような社会運動の場

　上記の筆者のフィールドノートからは，ひまわり運動の参加者は「法案に反

5　たとえば，ひまわり運動の参加者は，日常生活の合間を縫って社会運動に参加していたが，彼らはインターネットを用いて運動の進捗状況を確認したり，友人と約束して現場に足を運んでいたりし，気軽に社会運動に参加していた。詳細は陳（2019）を参照。

6　ひまわり運動の主要な占拠現場は主に2つのエリアに分けられる。1つは，「立法院」と呼ばれる台湾の国会議場であり，もう1つは，立法院を囲むような周辺広場や道路である。さらに，その占拠に呼応する形で台湾各地でも様々な集会が行われた。

対する」という大前提のもとで社会運動に参加していたが，常にその共通的目標に向かって示威的な抗議活動を行うのではなく，その運動空間を生活空間に変貌させ，各々日常を過ごしていることがわかった。さらに，参加者たちは社会運動参加者という組織の同質性に縛られることなく，自分自身の趣味関心によって，運動空間のなかでサブコミュニティを結成し，日常的に趣味関心を共有し，実践していると言える。

　つまり，若者を中心に多くの社会階層が集結していた「ひまわり運動」では，参加者たちは，本来は「非日常的」であるとみなされる社会運動を日常生活の一場面として捉え，運動空間のなかでも日常的な文化実践を同様に行い，社会運動の場と日常生活との境界線を溶解させていた。

　「ひまわり運動」の特徴を把握した上で，次節ではとりわけ冒頭でも紹介した，参加者によって行われた「社会運動リーダーをアイドルに読み替えて，ファンのように追いかける」という文化実践に着目し，考察していく。

3 「アイドル」としての社会運動リーダー

3.1　役割分担する社会運動参加者

　前述したとおり，ひまわり運動には推定50万人以上が参加していた。その大勢の運動参加者のなかに，特に「運動リーダー」と呼ばれ，大いに注目されていた「陳為廷」と「林飛帆」という2人の若い男性がいた。本節では主に，この2人の男性が「アイドル化」された現象について検討する。

　まず，本論に入る前に，ここでは「社会運動リーダー」という言葉について，あらかじめ断りを入れておきたい。ここで指す「リーダー」は，社会運動参加者を取りまとめるようなカリスマ的な存在ではない[7]。つまり，ひまわり運動では，林と陳は「運動リーダー」と呼ばれ，注目されていたが，50万人以上の参加者はこの2人の指示を無条件に追随するわけではなかった。

　では，なぜ彼ら2人は「運動リーダー」と呼ばれていたのか。台湾国内外の

7　本章は社会運動に関する議論が中心ではないため多くは触れないが，実際に，現代の社会運動にはカリスマのようなリーダーが存在していないとたびたび議論されている（Gerbaudo 2012; 富永 2017 など）。

マスメディアに注目されているひまわり運動においては，参加者たちは，運動を滞りなく進めさせるため，占拠初期からすぐに自分自身の専門分野や性格特徴を活かし，たとえば「翻訳班」「広報班」「医療班」「情報班」など，様々な「班」に分かれて，それぞれの役割を果たしていた。なかでも陳と林は，スポークスマンとして，運動の進捗状況を取りまとめて参加者に報告したり，マスメディアの取材に応じたりする役割を担っていた。他の参加者よりカメラの前の露出度が高いせいか，いつの間にか彼ら2人は，自分の意思にそぐわない形で「運動リーダー」とマスメディアに呼ばれ，注目を浴びるようになった。

3.2　運動リーダーへの「告白」メッセージ

このような「注目」は，彼らの社会運動に関連する発言だけではなく，彼らの生い立ちや日常生活，趣味嗜好など社会運動に関係のない側面にまで及んでいた。また，注目だけでなく，彼らに対する様々な「応援表現」も行われるようになっていた。

たとえば林は，運動当初，普段着である緑色のコートを着たまま国会議場に突入した。当然ながら彼は着替えも持っていなかったため，運動期間中にカメラに向けて発言するたびに，常に同じ格好でカメラの前に姿を現した。ひまわり運動の規模が拡大していくにつれて，このコートは「正義のロングコート」と呼ばれはじめ，飛ぶように売れ[8]，話題となった。また，たとえば，日本のキャラクター「リラックマ」が好きな陳に対し，多くの運動支持者が占拠現場である国会議場に「リラックマ」のぬいぐるみを贈ったり（『東森新聞』2014年4月5日），ひまわり運動の最終日に，運動参加者が「ファンのように」[9]陳と林と一緒に写真撮影するため2人の元に駆けつけたり（『華視新聞』2014年4月10日）するような現象も多く記録されている。このような現象に対して，本章の冒頭で述べたように「ひまわり運動のリーダーのアイドル化」という言説が広まり，運動リーダーの2人の注目度がさらに高まったのである。

8　林が着用していた緑色のコートのブランドがネットユーザーに特定された直後に，ネットショップ上の在庫がすぐになくなったと，複数の新聞記事に話題として取り上げられていた（『自由時報』2014年3月26日，『蘋果日報』2014年3月26日）。
9　「ファンのように」という描写は，新聞記事を原文のまま引用したものである。

　さて，上記のように様々な側面で注目の中心となった陳と林には，どのような「視線」が向けられているかについて見てみよう。

　台湾の若手研究者である黄恐龍は，ひまわり運動期間に，占拠現場でフィールドワークを実施し，現場の様子を写真で記録し，『野生的太陽花（野生のひまわり）』（2014年）を出版した。黄によるフィールド調査では，ある興味深い光景が記録されている。それは，占拠現場の一隅に告白メッセージが書かれている「告白ウォール」の存在であった。黄の記録によれば，その「告白ウォール」は，実物の壁ではなく，現場の秩序を維持するチームの拠点であるテントの一面であった。誰が最初にそのテントを使ってメッセージを残していたか不明だが，ひまわり運動の最終日であった2014年4月10日時点では，テントの布には余白がなくなったほどに様々なメッセージが書かれていたのが確認できるという（黄 2014: 241-245）。

　黄が記録したその「告白ウォール」の写真を見てみれば，「サービス貿易協定を撤回しろ」，「Pray for Taiwan」など，ひまわり運動に関連するメッセージもあれば，与党に対する抗議の文字もあった。様々なメッセージのなかに，「陳為廷，愛してる」「林飛帆へ，あなたが国会議場を占拠したと同時に，私の心も占拠した」など，陳と林への「告白」が大量にあった。一見すると，ひまわり運動の内容とは無関係の，陳と林宛てに個人的に送られたメッセージは，社会運動という空間のなかでは異質な存在に思える。しかし，こうしたメッセージが大半を占めていたことで，数の論理によってディスコースの正当性が保証されたのである。

3.3　様々な視線が交差するひまわり運動

　また，陳と林に向けられた熱い視線は，上述した「告白ウォール」だけに現れたのではなかった。筆者は，台湾の学術研究機関「中央研究院」によって保存される，ひまわり運動参加者によって作り出された様々な創作物を保存したアーカイブ『318公民運動文物紀録典蔵庫（318 Civil Movement Archive）[10]』を検討したところ，映像記録，写真，絵画など，様々な形式で保存されていた創作物

10 http://public.318.io を参照。また，本章を書き上げた 2020 年 12 月 25 日時点では 2 万 3,435
　点の創作物がアーカイブに保存されている。

のなかに，陳と林を宛先としたたくさんの私信が占拠現場に送られていたことがわかった。

　このアーカイブに保存されている創作物は2万点以上ある。アーカイブプロジェクトの担当者が実際に現場で収集してきたもの以外に，運動参加者が自発的に提供するものも多い。実際に，このような運動参加者それぞれの視点から社会運動を記録し発信するのは，現代の社会運動実践の特徴といえる。たとえばアランは，このような動きを「市民による目撃 (citizen witnessing)」と名づけたが，このような多様性を持つ個人的目撃は，より容易に社会運動に対する多様な言説を幅広い大衆に届けることができるとされる (Allan 2013; Andén-Papadopoulos 2014; トゥフェックチー 2018)。

　参加者によって共同的に構築されたアーカイブに，陳と林に関連する創作物として，前者は561点，後者は522点の関連記録が残されている。さらにその内容を確認すると，主に「手紙」[11]「現場の様子を記録する映像資料」「写真資料」という3つの形式に大別することができる。

3.4　運動リーダーへの「私信」

　大量に残されている陳と林の2人に関連する映像や写真資料からも，彼ら2人のひまわり運動においての存在感や注目度の高さもうかがえるが，本研究はとりわけ「2人を宛先とする手紙」に注目したい。アーカイブに3,000点以上保存されている手紙の大半は，「運動現場を占拠する参加者」という共同体に向ける賛同の言葉が綴られているものだった。つまり，手紙として運動現場に送られてきたメッセージは，誰かに届けられるものではなく，運動現場にいないひまわり運動の支援者たちによる，一種の運動参加者としてのアイデンティティの表明だと言えるだろう。

　その一方で，保存されている手紙のなかには，陳についての手紙が53点，林に宛てた手紙が61点記録として残されている。その内容については，前述

11　ひまわり運動期間中，参加者たちは実際に現場に足を運んで参加するだけではなく，インターネットを通じて,常に運動に関与しようとしていた。ネット上の応援行動だけではなく，参加者たちは，占拠活動に必要な食糧や物資など運動現場に送りつけたり，声援手紙を送付したりしていた。

したアイデンティティの表明と異なり，「頑張って」や「応援する」といった文言が多く見られ，まるで「ファンレター」のようである。

　たとえば，番号10247の記録では以下のようにメッセージが綴られている（以下，各資料に関する日本語訳は筆者による）。

　　林飛帆と陳為廷へ
　　台湾の希望を見せてくれてありがとう！
　　お疲れ。本当に take care yourself ！
　　あなたたちは私たちのヒーロー！
　　Thank you & Love xoxo!
　　p.s. 帆廷CP，[12] 愛してる。
　　（記録番号10247）

　上記の手紙を送信した人は，陳と林へ2回も感謝の意を伝えた上で，「体に気をつけてね（take care yourself）」や「ハグとキス（xoxo）」という友達口調の文言を用い，2人のリーダーに対する親しみを示していた。そのほかに，たとえば，「陳為廷，頑張ってください。超大好きです。」（記録番号10307）のようなメッセージも散見されている。

　本節の冒頭でも述べたが，ひまわり運動の「リーダー」は，他の参加者から崇拝されるようなカリスマ的な存在ではなかった。陳と林に対する上記のような励ましの言葉や個人への愛情表現からも，ひまわり運動の参加者は，陳と林2人のことを親しい存在として認識していることがうかがえるだろう。

4 台湾社会運動の場における「アイドル」とは

4.1　台湾社会における「アイドル」の語義

　前節では，ひまわり運動の参加者は，社会運動に関連する側面から，2人の運動リーダーに視線を向けるだけでなく，リーダーの個人的な事柄に関心を示

---

12 「帆廷CP」とは，ひまわり運動において，参加者は運動リーダーに対して，カップリングゲームを行う際に使った用語である。

していた上で，リーダーたちを親しい存在として捉え，愛着を持っていたことを確認した。

　さらに，アーカイブに保存された1通の手紙には，次のように綴られているメッセージも確認できる。

　　　みんな，お疲れ。あなたたちは，どの芸能人よりもずっと「アイドル」だ。頑張
　　　って。台湾頑張って。林飛帆，あなたのことを気に入った。（記録番号17633）

　上記の語りから，ひまわり運動のリーダーは「アイドル」的な存在として認識されていたことがわかった。次に，台湾の社会運動の場において「アイドル」という言葉の語義はどのように捉えられているのかを確認しよう。

　香月孝史は，日本のアイドルについての語られ方の多義性に注目し，その言葉に託された意義を検討している。香月によれば，日本においては，「アイドル」が社会的トピックとして論じられる際に，その語義設定が混在して用いられているものの，実際には芸能ジャンルという領域で活躍している「アイドル」は，最も世間に想起されやすい存在であると指摘している（香月 2014: 42）。

　その一方で，日本文化を深く受容する台湾においても，「アイドル（中国語では「偶像」）と呼び習わされる存在は，どのように認識されているだろうか。たとえば，蔡馨沂は教育学の観点から，台湾北部の10代若者に量的調査を実施し，アイドルへの選好と人間関係やアイデンティティとの関係性について分析しているが（蔡 2012），蔡の調査によれば，有効サンプル数の447人のうち，45.4％が歌手を「アイドル」として挙げていた。その次に「歌手や俳優両方」を「アイドル」として認識し選好しているのも17％を占めている。この調査からは，台湾において，最も「アイドル」として想起されているのはやはり日本と同様に「芸能ジャンルのアイドル」といえるだろう。

　さらに，こうしたアイドルのフォーマットもまた，日本の「アイドル」概念を継承しているとみられる。日本のジャニーズアイドルグループ「少年隊」を模倣していた台湾初の男性アイドル3人組「小虎隊」が1990年代初頭に登場し，社会現象を巻き起こすほどの人気を集めて以降，台湾における「アイドル」のイメージは，基本的に日本アイドルのフォーマットに則ってきた。この

ような台湾アイドルについては，先行研究においても「清純」，「親近感」，「年の差が近い」，「清く正しい品行」という特質が挙げられている（簡 2003; 陳2014）。つまり，台湾において「アイドル」という語彙が指し示すのは，日本と同様，等身大で親近感を持つ芸能ジャンルとしてのアイドルであり，この意味において消費されていると考えられる。

4.2　運動リーダーから読み取られるアイドル特質

前述した台湾社会においての「アイドル」の語られ方をふまえた上で，運動リーダーと呼ばれる陳と林が，なぜアイドルとして捉えられているのかを検討しよう。まず，陳と林の2人はひまわり運動当時には，普段から社会運動に熱心に参加している現役の名門大学院生であったが，有名人でもなく，普通の大学生活を過ごしていた。当然ながら彼らのファッションスタイルや趣味も普通の台湾の若者とさほど変わらない。

しかしながら，ひまわり運動期間中に，彼らはスポークスマンとして，毎日カメラの前で発言し，一躍注目の中心となった。マスメディアからの注目だけでなく，四六時中多くの参加者からも視線を向けられていた。このように見られれば見られるほど，今まで普通の学生だった運動リーダーの2人は，参加者に「親近感」，「年の差が近い」，「清く正しい品行」といった感覚を徐々に与え始めていった。

なぜ参加者は，運動のスポークスマンであるリーダーから「親近感」を感じ取ったのだろうか。2.2でも述べたひまわり運動の特徴である「日常性」は，その親近感を生み出した大きな要因の1つである。ひまわり運動の参加者は，自分のタイミングで自由にひまわり運動空間に出入りしたり，占拠現場から離れていてもインターネットを通じて常にひまわり運動に関与したりするなど，日常生活の延長線上にひまわり運動を位置づけていた。こうして参加者たちが日常的な社会運動実践を実現させられたのは，インターネットやソーシャルメディアが盛んに活用されていたからである。

たとえば，国会議場を占拠する参加者たちは，自らが持ち込んでいたモバイルWi-fiルーターや，スマートフォン，タブレットを用いて，ソーシャルメディアを通じて占拠現場の様子を即時的に発信していた。なかには，組織的に現

図13-1　林飛帆（写真中央）が仲間と交流する様子

出所：筆者の友人であるA.Y氏撮影。

場の風景を24時間中継する役割を担った「情報班」も存在していた。そのため，ひまわり運動の参加者たちは，物理的に社会運動現場から離れていても，常に運動に関与することができたと言える。

　常に誰かから見られている環境のなかで，運動リーダーの2人が社会運動に関連する仕事を行う際に限らず，息抜きのために休んだり，仲間と談笑したりする姿も，**図13-1**が示しているように，多くの参加者に観察されたり，カメラに収められたりしていた。つまり，ひまわり運動の参加者は，運動リーダーの「社会運動を行う」という「オン」の一面だけでなく，普通の青年としての「オフ」の姿も目にしていたことから，親近感を覚えるようになったと言える。実際に，筆者が行った社会運動の女性参加者に対するインタビュー調査によれば，参加者はひまわり運動リーダーの魅力として，「笑顔」「可愛さ」「子どもっぽさ」を挙げていたが（陳 2020: 31），それも，ひまわり運動において「社会運動／日常生活」の境界線が曖昧化していたからこそ観察できた特質だろう[13]。

　こうして本来芸能ジャンルに属してはいない運動リーダーが持っている特質が，前述した台湾社会で求められている「（芸能ジャンルに属している）アイドル」のイメージと自然に重なり合うようになり，本来台湾社会で共有されている「アイドル」の語義を拡張させていったと考えられる。さらに，ひまわり運動の参加者は，リーダーを「アイドル」に読み替えて「アイドル－ファン」文化を実践することを通して，さらに社会運動への関与・実践を強化していったのだ。

---

13 詳細は，陳（2020）を参照。

5　おわりに

　本章は，台湾のひまわり運動における「運動リーダーのアイドル化」という特殊な文化現象を考察した。そこで，参加者たちは，ひまわり運動の参加や実践を自らの日常生活の延長線上にあるものだと捉え，社会運動空間の内部で自らの趣味関心に沿って様々な日常的文化実践を行っていたことが明かされた。なかでも参加者たちは，「運動リーダー」を芸能界にいるアイドルに見立て，「ファン」のようにアイドルとしての運動リーダーを消費している文化現象が確認された。

　加えて，リーダーに対する手紙の分析によって明らかになったのは，運動参加者が運動リーダーを崇拝したり，追随したりするのではなく，親近感を覚える存在とみなしていたことである。こうした参加者（＝「ファン」）からの視線は，台湾社会で共有されていた「アイドル」概念，そしてアイドル消費のされ方と合致している。このように，「アイドル」として語られる対象の拡張を通じて，ひまわり運動の担い手である台湾の若者たちは，社会運動という一見すると「非日常」的な空間を日常的空間へと読み替え，同時に「アイドル－ファン」という関係性を消費しているのである。[14]

参考文献

Allan, Stuart, 2013, *Citizen Witnessing: Revisioning Journalism in Times of Crisis*, Cambridge, UK: Polity Press.
陳怡禎，2014，『台湾ジャニーズファン研究』青弓社.
陳怡禎，2019，「社会運動を語る若者——台湾ひまわり運動・香港雨傘運動を事例に」『新社会学研究』4: 141-161.
陳怡禎，2020，「社会運動空間における『女性の遊び』——台湾ひまわり運動を事例に」『女子学研究』10: 25-34.
陳婉琪・黃樹仁，2015，「立法院外的春吶——太陽花運動靜坐者之人口及參與圖象」『台灣社會學』30: 141-179.
福島香織，2016，『SEALDsと東アジア若者デモってなんだ！』イースト・プレス.
Gerbaudo, Paolo, 2012, *Tweets and the Streets: Social Media and Contemporary Activism*,

---

14 本章は科学研究費補助金（研究活動スタート支援・19K23275 ／若手研究・20K13706）による成果の一部である。

Pluto Press.

簡妙如，2003，『審美現代性的轉向——兼論80年代台灣流行音樂的現代性寓言』2003文化研究學會年會.

香月孝史，2014，『「アイドル」の読み方——混乱する「語り」を問う』青弓社.

Kari, Anden-Papadopoulos, 2014, "Citizen camera-witnessing: Embodied political dissent in the age of 'mediated mass self-communication'," *New Media & Society*, 16: 753-769.

黄恐龍，2014，『野生的太陽花』玉山社.

港千尋，2014，『革命のつくり方　台湾ひまわり運動——対抗運動の創造性』インスクリプト.

蔡馨沂，2012，『偶像崇拜在青少年同儕關係與自尊，歸屬需求之間的角色』台湾国立交通大学教育研究所修士論文.

富永京子，2017，『社会運動と若者——日常と出来事を往還する政治』ナカニシヤ出版.

トゥフェックチー，ゼイナップ，2018，毛利嘉孝監修，中林敦子訳『ツイッターと催涙ガス——ネット時代の政治運動における強さと脆さ』Pヴァイン.

◀コラム❽▶

アイドル・アーカイブ試論
──アイドル・オントロジー構築に向けて──

関根 禎嘉

　2020年10月に公開された「IDOLS DIAGRAM」[*1]は，女性グループアイドルの構成の変遷をグラフで可視化するウェブサービスである。開発者によれば，「活動が終われば消えてしまいがちな彼女らの足跡を少しでも残そう」という動機で作られたという[*2]。この動機はまさしくアーカイブのそれであり，このサービスはアイドル・アーカイブのひとつといえる（図❽-1）。

　ライブ配信動画を事後的に視聴することを「アーカイブ視聴」と呼ぶように，今日「アーカイブ」はコンテンツが蓄積され利用されることを示す語になっている。本来は「アーカイブズ」という複数形で，文書の保存・提供を行う建物とその組織を指す[*3]。デジタル技術で文書に限らない様々な資料を保存し利用させる仕組みはデジタルアーカイブと呼ばれ，近年存在感を増しつつある。

　アイドルがオンラインでライブを配信し，インターネットを介した特典会などでファンと交流することはコロナウイルス禍以降日常のものとなった。配信されたライブは保存され，定められた期間内であれば見返すこともできる。アイドルについてのコンテンツにはいつでもアクセスできるかのように思える。

　しかし，一度公開されても，様々な理由でアクセスが困難になるコンテンツは少なくない。また，インターネットの外部にはデジタル化されていない資料も膨大にある。これらへのアクセスを保証するためには，アイドルに特化したアーカイブの構築が必要である。

◇アイドル・アーカイブの担い手

　現在，アイドルを対象とした包括的なアーカイブはみられない。Wikipediaにはアイドル関連の項目は多いが，その正確さや網羅性には常に課題がある。施設とし

図❽-1　IDOLS DIAGRAMの表示例（3776）

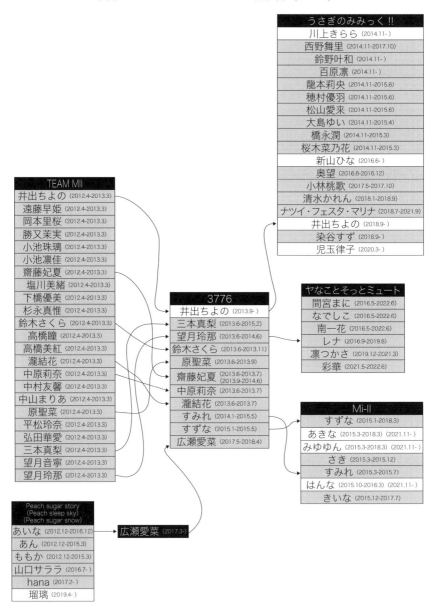

うさぎのみみっく!!
- 川上きらら (2014.11-)
- 西野舞里 (2014.11-2017.10)
- 鈴野叶和 (2014.11-)
- 百原凛 (2014.11-)
- 龍本莉央 (2014.11-2015.6)
- 穂村優羽 (2014.11-2015.6)
- 松山愛来 (2014.11-2015.6)
- 大島ゆい (2014.11-2015.4)
- 橋永潤 (2014.11-2015.3)
- 桜木菜乃花 (2014.11-2015.3)
- 新山ひな (2016.6-)
- 奥望 (2016.6-2016.12)
- 小林桃歌 (2017.5-2017.10)
- 清水かれん (2018.1-2018.9)
- ナツイ・フェスタ・マリナ (2018.7-2021.9)
- 井出ちよの (2018.9-)
- 染谷すず (2018.9-)
- 児玉律子 (2020.3-)

TEAM MII
- 井出ちよの (2012.4-2013.3)
- 遠藤早姫 (2012.4-2013.3)
- 岡本里桜 (2012.4-2013.3)
- 勝又茉実 (2012.4-2013.3)
- 小池珠璃 (2012.4-2013.3)
- 小池凛佳 (2012.4-2013.3)
- 齋藤妃夏 (2012.4-2013.3)
- 塩川美緒 (2012.4-2013.3)
- 下橋優美 (2012.4-2013.3)
- 杉永真惟 (2012.4-2013.3)
- 鈴木さくら (2012.4-2013.3)
- 高橋瞳 (2012.4-2013.3)
- 高橋美紅 (2012.4-2013.3)
- 瀧結花 (2012.4-2013.3)
- 中原莉奈 (2012.4-2013.3)
- 中村友馨 (2012.4-2013.3)
- 中山まりあ (2012.4-2013.3)
- 原聖菜 (2012.4-2013.3)
- 平松玲奈 (2012.4-2013.3)
- 弘田華愛 (2012.4-2013.3)
- 三本真梨 (2012.4-2013.3)
- 望月音寧 (2012.4-2013.3)
- 望月玲那 (2012.4-2013.3)

3776
- 井出ちよの (2013.9-)
- 三本真梨 (2013.6-2015.2)
- 望月玲那 (2013.6-2014.6)
- 鈴木さくら (2013.6-2013.11)
- 原聖菜 (2013.6-2013.9)
- 齋藤妃夏 (2013.6-2013.7) (2013.9-2013.11)
- 中原莉奈 (2013.6-2013.7)
- 瀧結花 (2013.6-2013.7)
- すみれ (2014.1-2015.5)
- すずな (2015.1-2015.5)
- 広瀬愛菜 (2017.5-2018.4)

ヤなことそっとミュート
- 間宮まに (2016.5-2022.6)
- なでしこ (2016.5-2022.6)
- 南一花 (2016.5-2022.6)
- レナ (2016.9-2019.8)
- 凛つかさ (2019.12-2021.3)
- 彩華 (2021.5-2022.6)

Mi-II
- すずな (2015.1-2018.3)
- あきな (2015.3-2018.3) (2021.11-)
- みゆゆん (2015.3-2018.3) (2021.11-)
- さき (2015.3-2015.12)
- すみれ (2015.3-2015.7)
- はんな (2015.10-2016.3) (2021.11-)
- きいな (2015.12-2017.7)

Peach sugar story (Peach sleep sky) (Peach sugar snow)
- あいな (2012.12-2016.12)
- あん (2012.12-2015.3)
- ももか (2012.12-2015.3)
- 山口サララ (2016.7-)
- hana (2017.2-)
- 瑠璃 (2019.4-)

広瀬愛菜 (2017.3-)

出所：https://idolsdiagram.s3-ap-northeast-1.amazonaws.com/index.html?key=3776（2022年8月17日閲覧）。

てのアーカイブズ，つまり資料を収集し提供する物理的な拠点についても，アイドル全般を対象としたものは存在しない。

　アイドルは他のポピュラー文化の多くと同様，民間の経済活動として営まれる。商業的に流通したものは不特定多数の人々の関心の対象となる点において一定の公共性を有していると考えられるが，市場のなかでそれが顧みられることは少ない。アーカイブとは資料の保存・公開により，その公共性を担保しようとする試みである。

　アイドル・アーカイブを構築する方法のひとつとして，アイドルの活動に関与する様々な企業・団体，あるいはファンを含んだ個人が保有する資料や情報（これを情報資源と呼ぶこととする）を，集中的に管理することが考えられる。しかし，これには莫大な労力が必要になることは想像に難くない。そこで，各者が保有する情報資源を，ネットワーク化し統合的に利活用することを現実的な方法として検討したい。この方法の実行のためには，それらの情報資源を取り扱う仕組みを作ることが求められる。

◇「アイドル・オントロジー」に向けて

　アイドルに関する情報資源を取り扱う仕組みとして，オントロジー（Ontology）という概念と，それに基づいたルールを作成する方法を紹介する。

　アイドルが固有の特徴を持つ表現であるとしたら，それを構成する要素にはどんなものがあるか。この問いは，アイドルの何をアーカイブするのかという問いでもある。

　アイドルをその人自身に着目して捉える場合，個人やグループなどが基本的な要素になるだろう。パフォーマンスに着目すれば，音楽活動を中心とするアイドルは楽曲が基本的な要素になるだろうし，1回1回のライブというイベントなどの「コト」も要素となる。着用していた衣装などの「モノ」も対象になりうる。ライブの場所・日時の記録も必要である。関連する書籍や音源などの資料も要素として取り扱うことが望ましい。このように「コト」と「モノ」を並列に扱う考え方は，演劇や舞踊といったパフォーミング・アーツのアーカイブ構築で実際に用いられている。

　オントロジーとは，ある分野における要素の定義や，それぞれの関係性を表現す

図❽-2　RDFによってグループアイドルと楽曲の関係をグラフ化した例

出所：筆者作成。

る体系のことである。[*4] アイドルを構成する概念を正確かつ詳細に表現できれば「アイドル・オントロジー」となり，これに基づいて情報資源を扱うルールを定めることができる。そのルールに従ったデータはRDF（Resource Description Framework）という枠組みを用いて公開されることがある。ここでは，「アイドル・オントロジー」が開発されたと仮定して，グループアイドルと楽曲の関係をRDFを用いて表現することを試みる。

　RDFは，データを「文（ステートメント）」で記述する。この文は主語，述語，目的語の3つ組み（トリプル）によって構成され，グラフと呼ばれる図❽-2のような図で表すことができる。楕円の要素は，矢印の始点であれば主語，終点であれば目的語となり，矢印自体は述語となる。[*5] この例では，それぞれの人や楽曲などの要素を，述語で関係づけている。それぞれの要素に実例を当てはめれば，具体的なアイドルについてそのデータを記述することができる。

　このような方法でアイドルについて記録することを通じ，アイドル・アーカイブを構築していきたいということが本コラムの主張である。アイドル・オントロジーは，それらの構築のみならず，他の領域のオントロジーと相互に接続することによって，アイドルをより幅広く，深く理解することにつながっていく。

210

*1 IDOLS DIAGRAM, https://idolsdiagram.s3-ap-northeast-1.amazonaws.com/index.html,（2021年9月20日閲覧）.

*2 "「あのグループのあの子，どこかで見た気がする」──アイドルの足跡をたどる〈IDOLS DIAGRAM〉が話題に"，OTOTOY, 2021-02-02. https://ototoy.jp/news/100129,（2021年9月20日閲覧）.

*3 根本彰は，単数形の「アーカイブ」は，文書や写真，音源などの資料（ドキュメント）を意図的に集め保存するもの，あるいはその行為を指すと整理している.

*4 オントロジーとは，元来哲学用語で「存在論（存在に関する体系的な議論）」を指す。人工知能や知識表現の分野では，「対象とする世界に存在するものごとの体系的な分類とその関係性を明示的・形式的に表現する」ものを指すようになった.

*5 RDFグラフにおいて，主語・目的語を表す要素をノード，ノード同士を結びつける矢印をアークと呼ぶ。ノードが楕円形で表される場合，URI（Uniform Resource Identifier）を参照しており，URIを参照しない文字列のノードは長方形で表す。本文中の図ではノードはすべてURIを持つものとして表現した。また，その他の表現も大幅に簡略化している.

参考文献

人工知能学会編集，溝口理一郎，2005，『オントロジー工学』オーム社.

神崎正英，2005，『セマンティック・ウェブのためのRDF/OWL入門』森北出版.

日本図書館情報学会研究委員会編，2016，『メタデータとウェブサービス』勉誠出版.

根本彰，2021，『アーカイブの思想──言葉を知に変える仕組み』みすず書房.

高野明彦監修，嘉村哲郎責任編集，2020，『アートシーンを支える』勉誠出版.

谷口祥一・緑川信之，2016，『知識資源のメタデータ 第2版』勁草書房.

あとがき

　「アイドルについて研究したい！」。大学で教壇に立つようになってから10年ほどになるが，そうした声を聞く機会は年々増えていっているように感じる。ありがたいことに「アイドル研究」を志し，高い研究へのモチベーションをもって編者のゼミで学びたいという国内外の学生が毎年多く存在する。しかし同時に，「どのように研究していけばいいのかわからない」，「就職する時に役に立つのか」といった不安や苦悩，葛藤を抱え，相談を受けることもしばしばである。

　「アイドル」に限らず，ポピュラーカルチャー／メディア・コンテンツ研究は，「趣味」や「息抜き」なのだからと，「取るに足りないもの」，「研究に値しないもの」としてその価値を過度に低く見積もられる傾向にある。「そんなものを研究して何の意味があるのか？」と言わんばかりの厳しい視線にさらされることもある。編者自身，研究・教育に際して「好きなこと」を"研究"として昇華させることの難しさを日々実感している。

　ただ，だからこそ，「アイドル研究」にはどのような社会的な意義があるのかという問いを常に自身に投げかけ，そしてその解を多くの人たちに真摯に伝えていくよう努める必要があるのではないか。さらに，「アイドル研究」を実践していく上で多様な（なかには心無いとも言える）まなざしが向けられるのであれば，それに理論武装する幾ばくかの勇気を与えられるような一冊を作ることができたらとの思いに突き動かされた。

　「アイドル」はある種の娯楽であり，一般的に社会生活を送るにあたって不可欠であるとは従来見なされ難かった。また昨今のコロナ禍においては，エンターテインメント全般に共通して，"不要・不急"というレッテルのもと，われわれはそれらを享受することさえままならない。一方，何気なく接する楽しさを得られる"娯楽"であるからこそ，政治や経済といった主要な領域から一定の距離を置いたところから社会のなかで絶対視されているものを相対化してみたり，逆に，日常に忍び込んで知らず知らずのうちに社会的通念や規範を植

えつけられたり，既存の社会システムや秩序のなかに心地よいものとして組み込まれてしまったりといった様々な機能を有している。そして何より，**序章**の冒頭で引用した『推し，燃ゆ』の主人公のように，「アイドル」が生きる上での癒しや希望になるような何者にも代えられないかけがえのない存在だと感じる人が多くいる現代社会をわれわれは生きている。

だとするならば，「アイドル」というフィルターを通して，「アイドル」が生み出される社会について考えることが可能であり，「アイドル」を問うことで，「アイドル」が存在する社会自体を問うことにつながる。そしてそれが，「アイドル研究」の最も重要なる意義ではないだろうか。本書の各章で紹介したように，「アイドル」のパフォーマンスに目を向けることで，労働やジェンダー／セクシュアリティについて考えたり，ファンとの関係性を見つめることで，人と人とのコミュニケーションのあり方やその変容について捉え直したり，さらには，トランスナショナルな「アイドル文化」の実践に触れることで，異なる文化について理解を深めるきっかけとなったり，といった学術的な展開が可能となるのだ。本書がそうした「アイドル研究」の航海へと読者を誘う旅券になって，さらなる研究の扉を開いてもらうための導き手となれれば幸いである。

本書の執筆陣は，2019年より関連研究者間で定期的に開催している「アイドル研究会（レロ研）」のメンバーが中心となっている。上岡磨奈さんを筆頭としたレロ研のメンバーと闊達な議論・意見を交わしつつ，「アイドル研究」に携わっていくにあたっての上記のような問題意識や困難さを共有することで本書刊行になんとか辿り着くことができたことを改めてここで感謝したい。また，若い感性と耳寄りな情報でいつも刺激を与えてくれる田島ゼミの学生にも感謝の意を示したい。そして何よりも，初めての単独編者で右往左往する心もとない私を支え，企画進行・刊行に向けて大いに尽力していただいた明石書店の上田哲平さんに御礼申し上げる。

「アイドル研究」の発展を心から願い，「アイドル」から何かを思考したり，想像／創造したりすることを促す建設的な学術の場の実現に向かって。

2022年8月

編者　**田島　悠来**

執筆者紹介

(執筆順，＊は編者)

＊**田島　悠来**（たじま　ゆうき）　▶序章，第1章，コラム❶，あとがき

帝京大学文学部講師。同志社大学大学院社会学研究科博士課程後期修了。博士（メディア学）。主な業績に『「アイドル」のメディア史──『明星』とヤングの70年代』（森話社，2017年），『メディア・コンテンツ・スタディーズ──分析・考察・創造のための方法論』（共編著，ナカニシヤ出版，2020年）。

上岡　磨奈（かみおか　まな）　▶第2章，第5章，第8章，コラム❺，第11章，コラム❻

慶應義塾大学大学院社会学研究科後期博士課程。青山学院大学大学院総合文化政策学研究科修士課程修了。修士（文化創造マネジメント）。主な業績に『アイドルについて葛藤しながら考えてみた──ジェンダー／パーソナリティ／〈推し〉』（共編著，青弓社，2022年），『「趣味に生きる」の文化論──シリアスレジャーから考える』（共著，ナカニシヤ出版，2021年）。

石井　純哉（いしい　じゅんや）　▶第3章，コラム❷

都内IT企業勤務。京都大学大学院人間・環境学研究科修士課程修了。修士（人間・環境学）。主な業績に「アイドルにとって〈アイドル〉とは何か──ライブアイドルのアイドル活動」（京都大学大学院人間・環境学研究科2019年度修士論文）。

香月　孝史（かつき　たかし）　▶第4章，コラム❸

ライター。東京大学大学院学際情報学府博士課程単位取得退学。主な業績に『乃木坂46のドラマトゥルギー──演じる身体／フィクション／静かな成熟』（青弓社，2020年），『「アイドル」の読み方──混乱する「語り」を問う』（青弓社，2014年）。

青田　麻未（あおた　まみ）　▶第6章，コラム❹

群馬県立女子大学文学部講師。東京大学大学院人文社会系研究科博士課程単位取得退学。博士（文学）。主な業績に『環境を批評する──英米系環境美学の展開』（春風社，2020年），「セクシーゾーンの解放──楽曲『Peach!』にみるジェンダー交差歌唱の効果」（『ユリイカ』2019年11月臨時増刊号「総特集＝日本の男性アイドル」，2019年，115-123頁）。

関根　禎嘉（せきね　さだよし）　▶第7章，コラム❽

慶應義塾大学大学院文学研究科博士課程。慶應義塾大学大学院文学研究科修士課程修了。修士（図書館・情報学）。主な業績に「テレビ番組メタデータモデルの構築──『番組』の階層構造に着目して」（三田図書館・情報学会2021年度研究大会，2021年11月13日），「テレビ番組ナショナルアーカイブに向けたメタデータモデル構築──『番組』の階層構造に着目して」（デジタルアーカイブ学会第1回DAフォーラム，2021年12月19日）。

大尾　侑子（おおび　ゆうこ）　▶第9章

東京経済大学コミュニケーション学部准教授。東京大学大学院学際情報学府博士後期課程満期退学。博士（社会情報学）。主な業績に『地下出版のメディア史──エロ・グロ，珍書屋，教養主義』（慶應義塾大学出版会，2022年），「デジタル・ファンダム研究の射程──非物質的労働と時間感覚にみる『フルタイム・ファンダム』」（伊藤守編『ポストメディア・セオリーズ──メディア研究の新展開』ミネルヴァ書房，2021年）。

陳　怡禎（ちん　いてい）　▶第10章，第13章

日本大学国際関係学部助教。東京大学大学院学際情報学府博士課程単位取得満期退学。主な業績に『台湾ジャニーズファン研究』（青弓社，2014年），「対話的社会運動空間──台湾ひまわり運動・香港雨傘運動を事例に」（山崎敬一／ビュールク トーヴェ／陳海茵／陳怡禎編『埼玉大学教養学部リベラル・アーツ叢書14 観客と共創する芸術II』埼玉大学教養学部・人文社会科学研究科，2022年）。

松本　友也（まつもと　ともや）　▶第12章

ライター。慶應義塾大学大学院文学研究科修士課程修了。主な業績に「もしもアイドルを観ることが賭博のようなものだとしたら──『よさ』と『よくなさ』の表裏一体」（香月孝史・上岡磨奈・中村香住編『アイドルについて葛藤しながら考えてみた──ジェンダー／パーソナリティ／〈推し〉』青弓社，2022年），「K-POPから生まれる『物語』」（CINRA.NET），「韓国ポップカルチャー彷徨」（KAI-YOU Premium）。

中村　香住（なかむら　かすみ）　▶コラム❼

慶應義塾大学文学部・同大学院社会学研究科非常勤講師。慶應義塾大学大学院社会学研究科後期博士課程単位取得退学。修士（社会学）。主な業績に『アイドルについて葛藤しながら考えてみた──ジェンダー／パーソナリティ／〈推し〉』（共編著，青弓社，2022年），「メイドカフェ店員のSNSブランディング──アイデンティティの維持管理という時間外労働」（田中東子編『ガールズ・メディア・スタディーズ』北樹出版，2021年）。

【編者紹介】

たじま　ゆうき
田島 悠来　　帝京大学文学部講師

アイドル・スタディーズ
—— 研究のための視点、問い、方法

2022 年 9 月 30 日　初版第 1 刷発行
2022 年 12 月 5 日　初版第 2 刷発行

編　者———田 島 悠 来
発行者———大 江 道 雅
発行所———株式会社 明石書店

　　　　〒 101-0021　東京都千代田区外神田 6-9-5
　　　　電話 03（5818）1171　FAX 03（5818）1174
　　　　https://www.akashi.co.jp/

装　幀　　清水肇（prigraphics）
印刷・製本　日経印刷 株式会社
ISBN 978-4-7503-5323-4 © Yuki Tajima 2022, Printed in Japan
（定価はカバーに表示してあります）

コミュニティの幸福論

助け合うことの社会学

桜井政成 著

■四六判／並製／352頁 ◎2200円

ノンバイナリーがわかる本

heでもsheでもない、theyたちのこと

エリス・ヤング著　上田勢子訳

◎2400円

見えない性的指向　アセクシュアルのすべて

誰にも性的魅力を感じない私たちについて

ジュリー・ソンドラ・デッカー著　上田勢子訳

◎2300円

ジェンダーについて大学生が真剣に考えてみた

あなたがあなたらしくいられるための29問

佐藤文香監修　一橋大学社会学部佐藤文香ゼミ生一同著

◎1500円

トランスジェンダー問題

議論は正義のために

ショーン・フェイ著　高井ゆと里訳　清水晶子解説

◎2000円

性風俗世界を生きる「おんなのこ」のエスノグラフィ

SM・関係性・「自己」がつむぐもの

熊田陽子著

◎3000円

デジタル革命の社会学

AIがもたらす日常世界のユートピアとディストピア

アンソニー・エリオット著　遠藤英樹、須藤廣、高岡文章、濱野健訳

◎2500円

テレビジョンの文化史

日米は「魔法の箱」にどんな夢を見たのか

小代有希子著

◎6300円

在野研究ビギナーズ

勝手にはじめる研究生活

荒木優太編著

◎1800円

〈価格は本体価格です〉